DANIEL, LE RÉSISTANT

© 2021, Wilbert Kreiss

Édition : BoD – Books on Demand,

12/14 rond - point des Champs - Élysées, 75008 Paris

Impression : BoD - Books on Demand, Norderstedt, Allemagne

ISBN: 9782322251582

Dépôt légal : Mai 2021

DANIEL, LE RÉSISTANT

Titre original

« LE LIVRE DE DANIEL »

par

Dr Wilbert KREISS

Illustrations

Première de couverture : Daniel dans la fosse aux Lions, Détail de l'abbaye de la Sauve-Majeure, en Gironde.
Quatrième de couverture : Daniel prie Dieu à sa fenêtre, malgré l'interdiction du Roi (voir Daniel 6 ;10).

Nous publions les œuvres du Professeur Wilbert KREISS avec l'assentiment et le soutien de l'Eglise Evangélique Luthérienne-Synode de France.

Nous exprimons notre gratitude à Marguerite KREISS, son épouse. Elle nous a donné accès aux œuvres et études de son mari. Elle nous a encouragés à nous lancer dans la publication en vue de constituer la « Collection Wilbert KREISS ».

Quelques annotations de relecture figurent sous la mention NDLR en bas de page.

Merci à l'équipe, entièrement bénévole, qui a été disponible pour l'accomplissement de ce travail. Merci aux membres et amis de l'Eglise qui ont soutenu le projet par leurs encouragements et leurs dons.

FELLERING, le 5 juin 2014

Wilbert KREISS (1937-2011)

Professeur et Docteur en théologie.

Il est né à Paris le 4 janvier 1937. Son père était pasteur et président de l'Eglise Evangélique Luthérienne Synode de France et de Belgique, nommée actuellement Eglise Evangélique Luthérienne-Synode de France.

Il fait ses études au Centre d'Etudes Théologiques de Châtenay-Malabry (France), puis à l'Ecole Supérieure de Théologie d'Oberursel (Allemagne). Il obtient en 1973 le grade de docteur en théologie de l'Université de Strasbourg. Deux séminaires des USA, ceux de Saint Louis et de Fort Wayne, lui décernent les titres de docteur honoris causa.

Il exerce le ministère pastoral à Châtenay-Malabry, puis dans des paroisses du Bas-Rhin : Schillersdorf/Obersoultzbach et Woerth/Lembach.

En 1973 il est nommé directeur du Centre d'Etudes Théologiques de Châtenay-Malabry (Hauts de Seine) et conjointement professeur principal jusqu'à sa retraite, en 1997.

Il est aussi vice-président synodal (1974-1992) puis président de 1992 à 2000. Ces fonctions l'amènent à participer à de nombreuses rencontres théologiques internationales sur les cinq continents.

Fidèle aux confessions luthériennes et soucieux de défendre la cause d'un luthéranisme fondé sur les grands principes de la Réforme : la grâce seule, la foi seule, l'Ecriture seule, le Christ seul, il contribue par ses nombreux ouvrages à l'édification de L'Eglise. Sa perspective missionnaire le pousse à s'engager dans la formation des pasteurs des deux Congo durant 35 ans. Dans ce but, il élabore un programme de formation théologique par correspondance.

Ayant à cœur le bien-être spirituel des communautés chrétiennes, il édite sous forme de cahiers ses nombreuses études. Parmi ses ouvrages les plus importants citons la dogmatique, la petite dogmatique, l'histoire des dogmes, le manuel de la doctrine chrétienne, la Formule de Concorde, le canon de l'Ecriture Sainte, les Confessions de foi de l'Eglise Luthérienne, etc.

Après avoir mené le bon combat de la foi et du témoignage, il décède le 29 octobre 2011 à Moshi en Tanzanie.

(Source : d'après l'hommage posthume – Pasteur Jean Thiébaut HAESSIG).

PREFACE ORIGINALE

Ce commentaire du prophète Daniel que nous publions comme cahier N° 12 du Centre d'Études Théologiques, est le fruit d'un cours professé au cours de cette année.

Il n'a aucune prétention scientifique, mais veut tout simplement aider le lecteur à mieux comprendre ce livre de l'Ancien Testament. La lecture du livre de Daniel n'est certes pas facile. Daniel, en effet, est beaucoup plus visionnaire que prophète. Il utilise dans la deuxième partie de son ouvrage le langage dit apocalyptique, étrange et énigmatique. Mais c'est de ce langage que Dieu a voulu se servir pour soulever le voile sur l'avenir de son peuple dans l'A.T. et dans l'ère chrétienne.

Il a plu au Seigneur de faire défiler devant les yeux de son serviteur Daniel et devant les nôtres des tableaux invraisemblables, représentant des animaux fabuleux, pour nous expliquer que si les grands de ce monde semblent tirer les ficelles de l'histoire et faire la pluie et le beau temps dans ce bas monde, il reste le Maître souverain de la création et des nations. Au milieu du mal qui se commet ici-bas, quitte à devoir renverser des despotes et leur trône, il fonde et étend son règne de grâce et de paix. Les croyants qui entendent lui rester fidèles connaissent bien des épreuves, et parfois même des persécutions sanglantes. Mais il sait accomplir des miracles pour les protéger, et l'épreuve de leur foi n'est ni plus longue ni plus intense que ce qu'ils peuvent supporter. Sa promesse est certaine, et le jour vient où il les délivrera de tout mal. « C'est ici la persévérance des saints, qui gardent les commandements de Dieu et la foi en Jésus ». (Apocalypse 14. 12).

Le chapitre 7 de Daniel nous donnera l'occasion de faire une incursion dans le livre de l'Apocalypse, ce livre qui n'a cessé d'intriguer les croyants. Elle sera brève, mais nous permettra de fortifier notre foi aux sources des mêmes promesses éternellement valides.

Une petite précision encore : L'une des plus grandes vertus du théologien est l'humilité. Certains chapitres de Daniel sont excessivement difficiles à interpréter. Nous ne prétendons pas avoir dit le dernier mot. Si certaines interprétations sont à exclure a priori, parce que contraires à tout l'enseignement de la Bible, d'autres paraissent également acceptables. Alors il ne reste souvent au commentateur d'autre choix que celui d'opter pour l'explication qui lui paraît la plus vraisemblable. Il fallait le dire…

Que Dieu bénisse ce modeste travail. Il aura mérité d'être rédigé, s'il permet au lecteur de mieux comprendre, et donc d'apprécier et d'aimer davantage un livre qu'il nous a donné, parce qu'il est, lui aussi, « utile pour enseigner, pour convaincre, pour corriger, pour instruire dans la justice » (2 Timothée 3. 16, 17)

Wilbert KREISS
Châtenay-Malabry
Juin 1986

SOMMAIRE

INTRODUCTION **15**

CHAPITRE 1 .... **23**
    Dieu prépare Daniel à son ministère *23*

CHAPITRE 2 .... **28**
    La statue de Nebucadnetsar *28*
    Les royaumes de ce monde et le Royaume de Dieu............................. *28*

CHAPITRE 3 .... **37**
    Les trois hommes dans la fournaise ardente *37*
    Les royaumes de ce monde ne peuvent pas nuire *37*
    aux saints de Dieu *37*

CHAPITRE 4 .... **44**
    L'édit de Nebucadnetsar : le grand arbre et le bœuf *44*
    Dieu écrase l'orgueil des puissants de ce monde *44*

CHAPITRE 5 .... **51**
    Le festin de Belschatsar *51*
    Dieu résiste à l'insolence et à l'arrogance des *51*
    puissants de ce monde *51*

CHAPITRE 6 .... **58**
    Daniel dans la fosse aux lions *58*
    Dieu protège les siens à l'heure de la persécution *58*

CHAPITRE 7 .... **65**
    Les quatre animaux : le lion, l'ours, le léopard et le …. ? *65*
    Les royaumes de ce monde, le Fils de l'homme et l'Antichrist *65*

DANIEL 7 ET APOCALYPSE 13 .... **78**

DANIEL 7 ET APOCALYPSE 12 .... **82**

CHAPITRE 8 .... **87**
    Le bélier, le bouc et la petite corne *87*
    La Perse, la Grèce et Antiochus Epiphane *87*

CHAPITRE 9 .... **94**
    Confession et prière de Daniel *94*
    Les soixante-dix heptades *94*

CHAPITRE 10 .... **102**
    Les apparitions angéliques *102*
    Les anges à l'action dans les royaumes de ce monde *102*

CHAPITRE 11 .... **106**
    L'empire grec, les Ptolemées et les Séleucides *106*
    L'antichrist *106*

CHAPITRE 12 .... **114**
    La fin des temps *114*
    La grande tribulation et la résurrection *114*

TABLEAU CHRONOLOGIQUE **118**

EPOQUE ROMAINE **119**

INTRODUCTION

Longtemps à l'avance, avant même qu'Israël n'entre dans la terre promise, Moïse lui avait annoncé le châtiment dont Dieu allait frapper son incrédulité : « 49 L'Éternel fera partir de loin, des extrémités de la terre, une nation qui fondra sur toi d'un vol d'aigle, une nation dont tu n'entendras point la langue, 50 une nation au visage farouche, et qui n'aura ni respect pour le vieillard ni pitié pour l'enfant. 52 Elle t'assiégera dans toutes tes portes, jusqu'à ce que tes murailles tombent, ces hautes et fortes murailles sur lesquelles tu auras placé ta confiance dans toute l'étendue de ton pays ; elle t'assiégera dans toutes tes portes, dans tout le pays que l'Éternel, ton Dieu, te donne. 64 L'Éternel te dispersera parmi tous les peuples, d'une extrémité de la terre à l'autre ». (Deutéronome 28 : 49, 50, 52, 64).

Et Dieu qui tient toujours ses promesses, exécuta aussi sa menace. Un châtiment terrible s'abattit sur son peuple qui s'était scindé en deux royaumes après la mort de Salomon. En 722 avant J.-C., Samarie, la capitale du royaume du nord, tomba aux mains de Salmanasar V, empereur d'Assyrie, et les dix tribus qui le composaient partirent en captivité. Le royaume du sud eut la chance d'être gouverné de temps en temps par un roi pieux, soucieux de mettre un frein à l'impiété de son peuple. Citons parmi eux Joas (835-786 avant J.-C.), Ezéchias (715-695) et Josias (640-609). Mais ce n'étaient que des trêves.

Au lieu de se repentir de son impiété, le royaume de Juda et ses souverains cherchèrent à conjurer la menace en concluant des alliances avec des nations étrangères. L'Égypte avait fait la guerre à Juda et emmené en exil Joachaz, fils de Josias, après avoir élevé sur son trône son frère aîné, Eliakim, dont le nom fut changé en Jojakim (608 avant J.-C.). Il dut payer un lourd tribut au pharaon Néco et abandonna l'Éternel que son Père, Josias, avait si fidèlement servi.

En 605 avant J.-C., la plus grande puissance de l'époque, Babylone, qui avait défait l'empire assyrien, affronta le pharaon égyptien à Carkemisch, le vainquit, puis s'en prit à Jérusalem. Vaincu à son tour, Jojakim devint un vassal de Nebucadnetsar, empereur de Babylone, qui l'assujettit à un lourd tribut de guerre. Trois ans plus tard, il commit l'imprudence de se révolter. Nebucadnetsar revint alors à Jérusalem et enchaîna Jojakim pour l'emmener à Babylone. Mais ce dernier mourut subitement. Jojakin, son fils, lui succéda (597 avant J.-C.). Il ne régna que trois mois et six jours. Jérusalem fut à nouveau assiégée par les généraux de Nebucadnetsar et finit par se rendre. Jojakin, ses femmes, ses courtisans, tous les dignitaires et les ouvriers qualifiés du pays partirent en captivité. Nebucadnetsar plaça sur le trône de Juda un autre fils de Josias, Sédécias, qui régna de 597 à 586 avant J.-C. Il fut, lui aussi, rebelle à Dieu, toléra l'idolâtrie et tenta d'entrer dans une coalition avec Edom, Moab, Ammon, Tyr et Sidon, dans l'espoir de se libérer de la tutelle de Babylone. Jérémie condamna fermement ce projet.

La 4ème année de son règne, Sédécias, après avoir tout d'abord envoyé une délégation à Babylone, pour attester sa fidélité à Nebucadnetsar, alla le trouver en personne. Pourtant, il finit par se révolter. Le 10ème mois de la 9ème année du règne de Sédécias, Nebucadnetsar mit le siège à Jérusalem. Après une courte trêve due à l'entrée dans le conflit des Égyptiens, les offensives reprirent. Comme Jérusalem était menacée par la famine, Sédécias prit la fuite avec son armée. Mais les troupes babyloniennes le rattrapèrent dans la plaine de Jéricho. Il fut présenté à Nebucadnetsar, à Ribla, dans le nord de la Palestine. Celui-ci fit périr tous ses fils devant lui et lui creva les yeux. Il partit lui aussi à Babylone en 586 avant J.-C. C'est l'année où Jérusalem fut entièrement détruite.

Il y eut ainsi trois départs en captivité. En 605, Nebucadnetsar, après s'être emparé de Jérusalem, transporta à Babylone les ustensiles en or du temple et emmena quelques jeunes gens de sang royal, dont Daniel (2 Chroniques 36. 2-7 ; Daniel 1. 1-3). Sept ans plus tard, en 597, il déporta Jojakim, avec sa mère et ses femmes, 3 000 chefs, 7 000 dignitaires et un millier d'artisans (2 Rois 24. 14-16).

En 586, enfin, il brûla le temple, détruisit la ville et emmena le reste du peuple, ne laissant sur place que les plus pauvres, quelques vignerons et cultivateurs (2 Rois 25. 2-21).

Le prophète Jérémie avait annoncé que l'exil durerait 70 ans. Il prit fin en 538, l'année qui marqua la chute de l'empire babylonien et l'accession au trône de Cyrus, chef de l'empire Perse. A deux reprises, Dieu avait annoncé à l'avance par le prophète Esaïe qu'il se servirait de Cyrus, son oint et son serviteur, pour libérer son peuple (Esaïe 44. 28 ; 45. 1-14). Cyrus, petit-fils de Cambyse, monta sur le trône d'Anshan (Elam oriental), vers 558 avant J.-C., s'empara de la Médie et assura la prédominance de la Perse. Une série de conquêtes foudroyantes lui permit de se soumettre l'Asie Mineure. Puis il triompha des Babyloniens en 539. Partisan d'une politique inspirée par la paix et la bienveillance, il autorisa les peuples déportés par les Babyloniens à rentrer chez eux, en emportant avec eux les trésors confisqués. C'était en 538 avant J.-C. Cf. Esdras 1. 1-8 ; 4. 3-5 ; 5. 13,14 ; 2 Chroniques 36. 22, 23 ; Daniel 1. 21 ; 6. 28.

Tel est le contexte historique dans lequel s'inscrivit l'activité du prophète Daniel (605-536 avant J.C.). Il exerça un long ministère, riche en péripéties, à un moment crucial de l'histoire du peuple de Dieu. Exilé en même temps que ses compatriotes, il était appelé à être le témoin de Dieu à la fois auprès d'Israël et des nations païennes qui l'opprimaient.

Le livre de Daniel est un ouvrage riche en consolations. Il décrit l'histoire du peuple de Dieu depuis l'époque de ce prophète jusqu'à la fin des temps. Il contient par ailleurs des sections apocalyptiques qui constituent la source dans laquelle l'Apocalypse de Jean a puisé ses matériaux. Ce sont des textes difficiles à interpréter, mais qui facilitent la compréhension de l'Apocalypse. On y trouve aussi le titre de « fils de l'homme » appliqué au Messie (Dan 7. 13), celui-là même que Jésus emploiera le plus souvent (81 fois dans les évangiles).

Pour la première fois de son histoire, le peuple de Dieu avait été vaincu par une puissance étrangère et lui était soumis. L'exil commença avec la première campagne militaire menée par Nebucadnetsar en Palestine, car c'est là qu'il fut mis fin à la théocratie d'Israël. Mais Dieu resta fidèle à ses promesses. Israël était son peuple, celui que Dieu s'était choisi pour accomplir son plan de salut et donner au monde un Rédempteur. Aussi lui avait-il promis de le ramener de l'exil. Il rebâtirait le temple et habiterait à nouveau dans son pays (Esaïe 40-66). Mais après ce retour, Israël allait encore connaître l'humiliation et la persécution et n'aurait pas de roi sur le trône de David. Il fallait prévenir le peuple, tout en lui montrant que Dieu tient dans ses mains l'histoire de ce monde et de ses puissances et la destinée des siens, et qu'il sait en son temps et à sa façon accomplir ses promesses. Le Seigneur reste le Maître de l'histoire et prend les puissances de ce monde à son service de façon à instaurer son règne de grâce. Ce fut en particulier le rôle de Daniel.

Le nom de cet homme est significatif, comme l'est aussi celui de la plupart des grands hommes de l'Ancien Testament. « Esaïe » signifie « Yahvé procure le salut », et aucun prophète n'a autant que lui annoncé le salut du Messie à venir. « Jérémie » veut dire « Dieu jette, ou jette à terre », et sa mission fut d'annoncer comment Dieu allait jeter à terre son peuple, le briser et l'humilier. « Ezéchiel » signifie « Dieu est fort », et son livre est là pour l'attester abondamment. « Daniel » veut dire « mon juge est Dieu » ; le livre de ce prophète en est l'illustration. Dieu était son juge. C'est pourquoi il fut sans crainte, lui resta fidèle et sut se dresser, quand il le fallait, contre les grands de ce monde qui cherchaient à l'éliminer.

Dieu sut se choisir l'homme dont il avait besoin à cette époque et le laissa accéder à la dignité et au rang requis pour devenir l'instrument de ses révélations. En cela, Daniel ressemble à Joseph. Comme lui, il interprète des songes, devient le bras droit et le conseiller d'un puissant empereur et représente le Dieu d'Israël à une cour royale étrangère. Dieu s'était servi de Joseph pour sauver le peuple d'Israël naissant. Il se servit aussi de Daniel pour sauvegarder son peuple en exil.

Que seraient devenus les Juifs sans le ministère de cet homme ? Sa longue vie fut riche en miracles de la grâce et de la toute-puissance divine ; elle constitue un exemple de fidélité pour tous les croyants, jeunes et vieux. Il fut fidèle à son Dieu, renonçant à tout ce que sa conscience ne pouvait approuver et recherchant en toutes choses la volonté de son Seigneur, sans en redouter les conséquences. Il dut à sa piété d'être jeté par Darius dans la fosse aux lions, mais fut protégé par Dieu. Le peuple de Dieu a besoin de témoins de ce genre !

Daniel n'est pas un prophète au sens classique du terme, mais un visionnaire qui occupa de hautes fonctions à la cour des rois de Babylone et de Perse. C'est la raison pour laquelle son livre ne figure pas parmi les livres prophétiques dans le canon hébraïque de l'A.T., mais parmi les « hagiographes » (écrits sacrés). Il n'en est pas moins un prophète au sens large du mot, un envoyé de Dieu, et Jésus lui-même lui donne ce titre : Matthieu 24. 15 ; Marc 13. 14.

Comme l'Apocalypse, le livre de Daniel a été de tout temps l'objet d'interprétations invraisemblables. Il a un contenu analogue, est fait d'images extraordinaires et de mystères insondables. C'est une succession de visions sur l'histoire de ce monde et de ses royaumes, les combats qu'ils mènent contre le Royaume de Dieu et la victoire de ce dernier. Dans ces visions apparaissent des animaux dont certains sont fabuleux, et des chiffres qui ne correspondent pas aux mathématiques humaines, mais contiennent des leçons importantes. Le caractère apocalyptique de ce livre s'explique par les circonstances particulières dans lesquelles il fut rédigé. Le Royaume de Dieu avait été englouti dans les royaumes de ce monde, et il appartenait à Dieu de montrer qu'il est le Tout-Puissant et le Sage qui sait toutes choses et qui gouverne ce monde pour le bien-être de son peuple. Daniel parcourt donc toute l'histoire de ce monde. Mais il ne le fait pas dans une succession chronologique. Il progresse par étapes, puis revient en arrière, pour repartir en avant. Signalons qu'une partie du livre (2. 4 – 7. 28) a été écrite en araméen. Nous n'étudierons pas les raisons de ce phénomène, mais nous contentons de constater que les Juifs parlaient l'hébreu et l'araméen en exil, l'hébreu était leur langue nationale, et l'araméen celle de leurs conquérants et la langue internationale de l'époque. L'araméen commence dans le livre de Daniel, à l'endroit où les mages de Babylone doivent expliquer à Nebucadnetsar le songe qu'il a eu. Daniel poursuit son récit en araméen. Sans doute le fait-il, parce que dans cette section il annonce un message pour le monde et veut le faire dans la langue universelle de l'époque, tandis que les sections en hébreu concernent davantage le peuple d'Israël, ainsi que son destin.

Le livre se décompose en deux parties principales :

Chapitres 1-6 : Daniel, conseiller et ministre des rois de Babylone.

Chapitres 7-12 : Daniel, visionnaire du Royaume de Dieu.

Un dernier point qu'il nous faut aborder ici et sur lequel nous aurons l'occasion de revenir par la suite : la très grande majorité des théologiens nie l'authenticité de ce livre, ce qui signifie que Daniel ne l'aurait pas écrit. Parmi les arguments invoqués, il y a l'emploi de l'araméen dont nous avons déjà parlé et l'utilisation de termes grecs pour désigner des instruments de musique. Mais l'argument le plus important est d'ordre théologique. En effet, l'auteur du livre évoque dans certaines visions les terribles persécutions contre les Juifs auxquelles se livrera un roi du nom d'Antiochus Epiphane IV (175-164 avant J.-C.). Si Daniel avait écrit le livre qui porte son nom, il aurait prédit des événements 400 ans avant qu'ils ne se produisent. Or la théologie libérale actuelle nie la possibilité d'une prédiction de l'avenir. L'univers est dit un vase clos dans lequel Dieu n'intervient pas. On en conclut que le livre de Daniel fut écrit après ces événements, donc vers le milieu du 2ème siècle, par un auteur inconnu.

Ce témoin anonyme a donc transformé en prédiction des faits historiques auxquels il a assisté lui-même, et les a faussement attribués à un prophète du nom de Daniel, vivant soi-disant 400 ans plus tôt, mais qui n'a probablement jamais existé ! Cette imposture aurait eu pour but de consoler le peuple persécuté, en lui montrant que ces persécutions étaient prévues par Dieu, qu'elles font partie d'un plan divin conçu longtemps à l'avance et que le Seigneur dirige l'histoire de ce monde de façon à fonder son royaume messianique. De ce fait, les commentateurs modernes soutiennent qu'aucune des visions du livre ne va au-delà du milieu du 2ème siècle. Elles ne concernent ni l'empire romain, ni la venue du Messie et l'instauration de son règne, ni la fin des temps. Il va de soi que nous rejetons une telle méthode d'interprétation. Nous sommes intimement convaincus que Daniel, à l'image de tant d'autres prophètes de l'A.T., a prophétisé sous inspiration divine et prédit l'histoire de ce monde jusqu'à sa consommation. Nous aurons l'occasion de le montrer au cours de notre étude du texte qui révélera en même temps les incohérences de la critique moderne.

CHAPITRE 1

Dieu prépare Daniel à son ministère

« La troisième année du règne de Jojakim, roi de Juda... » (V.1). Nous sommes donc en 605 avant J.-C. Nabopolassar est roi de Babylone. Il est secondé par son fils Nebucadnetsar (en akkadien Nabu-kudurrlusur « que Nebo garde les frontières », du nom de Nebo, l'une des divinités principales de Babylone). L'histoire profane appelle ce dernier Nabuchodonosor. Nabopolassar avait pris la tête des armées chaldéennes et s'était révolté contre l'empire assyrien. Son soulèvement lui réussit, et il parvint à fonder ainsi l'empire babylonien (625 avant J.-C). En 612, Ninive, capitale des Assyriens, fut détruite. La seule puissance qui put inquiéter Babylone était l'Égypte. Pharaon Neco II était monté sur le trône en 609. Ayant envahi la Palestine, il marcha contre Josias, roi de Juda, et le tua dans la bataille de Meguiddo, en 608. Il envisagea alors de s'en prendre à Babylone, mais Nabopolassar envoya à sa rencontre son fils Nebucadnetsar qui le renvoya dans son pays en s'annexant toutes les régions traversées. Il apprit alors que son père était décédé. Laissant à ses généraux le soin de parachever la victoire des armées babyloniennes, il rentra en hâte à Babylone et accéda à la royauté en 605 avant J.-C.

Trois ans durant, Juda s'était soumis à l'hégémonie babylonienne, puis ce fut la révolte (2 Rois 24. 1) Nebucadnetsar « marcha contre Jérusalem et l'assiégea ». « Le Seigneur, nous dit le texte, livra entre ses mains Jojakim, roi de Juda ». Sans doute sa victoire était-elle due à sa supériorité militaire, mais les prophètes avaient affirmé longtemps à l'avance que Dieu se servirait de lui pour châtier son peuple infidèle. L'heure avait sonné ! Juda aurait pu échapper au châtiment s'il s'était repenti, mais il avait fait la sourde oreille. Au lieu de revenir à son Dieu et d'implorer le pardon, le peuple infidèle avait écouté la voix de ses faux prophètes, qui lui avaient annoncé qu'il n'y avait aucun danger. Et quand le danger devint menaçant, il avait cherché le secours auprès des nations voisines, pensant qu'une coalition permettrait de repousser les armées babyloniennes. Le calcul avait été terriblement faux ! Malheur à quiconque se confie en l'homme, au lieu de faire de l'Éternel son refuge !

Voilà donc Jojakim vaincu. Nebucadnetsar s'apprêtait à l'emmener en exil, quand il mourut subitement. Il partit avec les ustensiles du temple et les emporta « au pays de Schinear » (autre nom pour Babylone), où « il les mit dans la maison du trésor de son dieu » (v.2). C'était la coutume, à l'époque. Sans doute pensait-il de la sorte réduire le Dieu d'Israël (et donc Israël lui-même) à l'impuissance. En même temps il emmena « des enfants d'Israël de race royale ou de famille noble, de jeunes garçons sans défaut corporel, beaux de figure, doués de sagesse, d'intelligence et d'instruction, capables de servir dans le palais du roi et à qui on enseignerait les lettres et la langue des chaldéens » (v. 3, 4). Parmi eux il y avait Daniel et ses trois amis, Hanania, Mischaël et Azaria, auxquels le chef des intendants donna les noms de Schadrac, Méschac et Abed-Nego, tandis que Daniel fut appelé Beltschatsar. C'était une façon de leur faire perdre leur identité. Il fallait qu'ils oublient leur identité et deviennent d'authentiques Babyloniens. C'était oublier qu'ils entendaient rester des Juifs et demeurer fidèles à leur Dieu !

Le texte raconte comment ces jeunes gens refusèrent de se souiller en mangeant à la cour de Nebucadnetsar des aliments qu'il ne leur était pas permis de consommer. Daniel, Schadrac, Meschac et Abed-Nego résolurent « de ne pas se souiller par les mets du roi et par le vin dont le roi buvait » (v.8). De quoi pouvait-il bien s'agir ? Tout d'abord d'aliments que la loi de Moïse déclarait impurs (Lévitique 11). Mais par ailleurs il ne faut pas oublier que les repas servis à la table du roi étaient des festins, et beaucoup d'entre eux avaient lieu à l'occasion de fêtes religieuses en l'honneur de divinités païennes. Selon la coutume de l'époque, on disposait sur la table royale des mets de viandes qui avaient été consacrées à des idoles. Quand les gens apportaient des sacrifices à leurs dieux, ils avaient le droit de consommer eux-mêmes une partie des victimes, ce qui n'était pas brûlé sur les autels ou qui n'était pas réservé aux prêtres.

Des banquets étaient même organisés dans les temples (c'est ce qui ressort en tout cas de 1 Corinthiens 8 et 9). Il se pourrait aussi que la viande des animaux sacrifiés ait été revendue sur les marchés. C'était donc pour ces jeunes gens un problème de conscience. Leur conscience leur interdisait de se compromettre avec l'idolâtrie païenne en mangeant de telles denrées. Ils auraient de la sorte, délibérément ou non, renié leur foi en Dieu en se déclarant solidaires du milieu païen dans lequel ils vivaient. C'était exclu ! Le chef des intendants, qui ne semblait pas être un méchant homme, exprima la crainte qu'ils ne perdent du poids ou qu'ils n'aient mauvaise mine. Alors Daniel lui proposa de faire un test pendant une dizaine de jours. L'essai fut convaincant. Ils ne mangèrent que des légumes, renonçant à toute viande et au vin. Le chef des intendants, constatant qu'il n'avait rien à craindre, que le roi n'aurait pas de reproches à lui faire, leur permit d'agir selon leur conscience (V. 12-16). D'autre part, ils firent connaissance avec les sciences païennes de l'Orient. Ils ressemblaient en cela à Moïse qui avait été élevé à la cour du pharaon d'Égypte, tout en restant solidaire de son Dieu et de son peuple. Ils ne se laissèrent par ébranler dans leur foi. Ils surent faire la part des choses, assimiler intérieurement ce qui était compatible avec leur foi, tout en se désolidarisant des croyances et des superstitions païennes. Et Dieu bénit leur fidélité. Ils surpassèrent leurs camarades babyloniens en sagesse et en intelligence et furent reçus dans la caste des mages et des savants. Simple affaire de quotient intellectuel doublé de ténacité et de zèle aux études ? Non ! Le texte déclare que « Dieu accorda à ces quatre jeunes gens de la science, de l'intelligence dans toutes les lettres, et de la sagesse. » (v. 17). Il y a là une bonne leçon pour tous les adolescents chrétiens qui se consacrent aux études. Dans tout ce qu'on leur demande d'apprendre, qu'il s'agisse de philosophie ou de sciences naturelles, il y a manifestement des choses auxquelles ils ne peuvent pas souscrire en tant que croyants. On leur demande de les assimiler, et ils n'ont pas le choix de faire autrement, s'ils veulent passer avec succès leurs examens, mais Dieu attend d'eux qu'ils fassent preuve de discernement et qu'ils examinent tout à la lumière de sa sainte Parole. Ils n'ont pas à croire tout ce qu'on leur enseigne. D'autre part, il faut que les chrétiens sachent que, tout en étant dans le monde, ils ne sont pas de ce monde. Ils ne sont pas des moutons qui font tout bêtement ce que font les autres, parce que les autres le font, mais des brebis du Seigneur. Ils appartiennent à Dieu, corps et âmes, et se consacrent à son service.

« Si je vis, ce n'est plus moi qui vis, c'est Christ qui vit en moi. Si je vis maintenant dans la chair, je vis dans la foi au Fils de Dieu, qui m'a aimé et qui s'est livré lui-même pour moi » (Galates 2. 20). Le chrétien a une devise. C'est la parole de l'apôtre : « Ne vous conformez pas au siècle présent, mais soyez transformés par le renouvellement de l'intelligence, afin que vous discerniez quelle est la volonté de Dieu, ce qui est bon, agréable et parfait » (Romains 12. 2).

Daniel entra au service de Nebucadnetsar. Nul doute qu'il ait rendu à la cour du roi témoignage de sa foi et confessé son Dieu. Nous en aurons des exemples par la suite. Bien des années plus tard, des mages viendront de l'Orient adorer l'enfant Jésus en qui ils salueront leur Sauveur (Matthieu 2). Fruits lointains du témoignage que surent rendre à Dieu, dans des circonstances difficiles, des Juifs qui, à l'exemple de Daniel et de ses trois amis, surent rester fidèles à leurs convictions !

Ce beau chapitre nous montre aussi comment Dieu se choisit les hommes dont il veut se servir pour bâtir son Royaume. Il sait les former et les préparer à son service. Bien souvent il les fait marcher sur des chemins détournés, les expose à la tentation, ou leur impose des épreuves. Sa pédagogie n'est pas toujours la même, mais elle vise toujours le même but : tester la foi et sanctifier les dons de ses serviteurs. Comme Joseph, Daniel parvint aux plus hautes dignités et fut investi de grandes responsabilités politiques. Comme Moïse, il connut l'humiliation et l'exil, mais grandit dans le palais d'un roi, avant de devenir le chef du peuple de Dieu et un grand prophète de l'Éternel. Comme Paul, il acquit de grandes connaissances et devint un membre de l'élite intellectuelle de son temps, avant d'être appelé par le Seigneur.

Un sujet de méditation :

Restons, quoi qu'il arrive, fidèles à notre conscience éclairée par la Parole de Dieu. Sachons distinguer la vérité de l'erreur et conformer toute notre vie à sa volonté. S'il le juge utile, il saura faire des miracles pour nous venir en aide. Et n'oublions pas que la piété est toujours source de bénédictions, spirituelles et matérielles !

CHAPITRE 2

La statue de Nebucadnetsar
Les royaumes de ce monde et le Royaume de Dieu

C'est la première des grandes visions dont il est question dans le livre de Daniel. Elle brosse un tableau sommaire de l'histoire des royaumes de ce monde et du Royaume de Dieu. D'autres visions viendront ajouter de nombreux détails. La leçon est claire : Si puissants que soient ces royaumes, ils n'ont aucun pouvoir contre le Royaume de Dieu. Ils seront anéantis en leur temps, tandis que le Royaume de Dieu les surpassera de loin par son étendue et demeurera éternellement.

Il était de la plus grande importance que cela fût clairement établi. En effet, Juda avait été vaincu et écrasé par un empire païen auquel rien semblait ne pouvoir résister. Le peuple de Dieu avait été déporté, et lorsqu'un châtiment de ce genre venait à frapper des peuples vaincus, c'en était fait d'eux. Qu'on songe au royaume du nord dont les habitants avaient été exilés dans l'immense empire assyrien. Les dix tribus avaient définitivement perdu leur identité nationale. Totalement assimilées par les nations environnantes, elles avaient disparu à tout jamais de la carte de ce monde.

Le même sort allait-il frapper Juda ? Si oui, qu'allaient devenir les promesses que Dieu avait faites à son peuple ? Le Messie pourrait-il encore venir en ce monde, si le peuple du sein duquel il devait surgir avait disparu ? Etait-il possible que les nations de ce monde réduisent à néant le plan de Dieu ?

Il fallait aussi donner au puissant monarque qu'était Nebucadnetsar une leçon éloquente, dont il avait grandement besoin. Orgueilleux comme il l'était, il se croyait invincible. Tout lui avait réussi jusqu'à présent. Conformément aux représentations religieuses de son époque, il croyait dur comme fer que ses dieux babyloniens étaient plus puissants que l'Éternel, le Dieu d'Israël. Il ne comprenait pas qu'il était, sans le savoir, un simple instrument dont ce dernier se servait pour châtier son peuple qui lui était devenu infidèle, et pour accomplir ses desseins. Les rois de la terre se soulèvent et les princes se liguent avec eux contre l'Éternel et son Oint (Psaume 2). Il fallait qu'il sache que « celui qui siège dans les cieux rit », que « le Seigneur se moque d'eux » (Psaume 2. 4). Alors Dieu lui donna une vision et chargea Daniel de la lui expliquer et d'en dévoiler le sens.

« La seconde année du règne de Nebucadnetsar… » (v.1). Nous sommes donc tout au début du ministère de Daniel à Babylone. Nebucadnetsar a un songe. Les gens de l'époque attachaient aux visions une grande importance. Ce songe avait eu quelque chose de terrifiant. Mais qui allait le lui expliquer, d'autant plus qu'il n'était même plus capable de le raconter ? Alors le roi fit défiler devant lui tous les intellectuels et les savants attachés à sa cour. Il convoqua « magiciens, enchanteurs et Chaldéens ». Un mot à propos de ces derniers. Nous savons que déjà du vivant des patriarches, un peuple appelé les « Chaldéens » vivait dans le sud de la Babylonie. Abraham avait vécu à Ur en Chaldée (Genèse 28. 11). Ce peuple avait été à l'origine du soulèvement de Babylone contre l'Assyrie, du vivant de Nabopolassar, père de Nebucadnetsar. Leurs magiciens, particulièrement experts en astrologie et sciences divinatoires, s'étaient peut-être imposés à la cour du souverain et constituaient de la sorte une classe à part. Mais il se pourrait aussi que le terme « Chaldéens » provienne d'un roi Babylonien « Galdu » qui désignait certains fonctionnaires royaux chargés de la supervision de toutes sortes de projets publics. On était terriblement superstitieux à l'époque. Il se pourrait donc fort bien qu'avant d'élaborer des projets et de les mettre à exécution, on s'assurât les faveurs des dieux. On peut donc admettre que ces experts étaient à la fois des conseillers et des astrologues veillant à la fiabilité des entreprises royales.

Les Chaldéens prirent la parole au nom de tous les astrologues, magiciens et enchanteurs. Que le roi leur raconte son songe. Ils sauront lui en donner l'explication (v. 4). Nebucadnetsar est désemparé. Il n'en est pas capable ! Mais il faut qu'il sache ! En vrai despote oriental, qui a droit de vie ou de mort sur tous ses sujets, il exige donc qu'on lui raconte son songe et qu'on lui en fournisse l'explication. S'ils n'y parviennent pas, les Chaldéens seront massacrés ; dans le cas contraire ils seront couverts d'honneurs et de richesses (v. 5, 6). Une telle exigence s'explique peut-être du fait que ses magiciens se disaient extralucides et capables de toujours révéler la vérité. Eh bien, qu'ils en donnent la preuve, qu'ils montrent qu'ils ne sont pas des imposteurs !

Les magiciens cherchent à gagner du temps et reprochent au roi d'exiger l'impossible. Le texte laisse clairement entendre que les relations entre Nebucadnetsar et eux n'étaient pas au beau fixe. Sans doute profita-t-il de l'occasion pour tester ses courtisans arrogants qui cherchaient à faire la pluie et le beau temps à sa cour ! Ils déclarèrent forfait. L'occasion était bonne de se débarrasser d'eux. « Le roi se mit en colère et s'irrita violemment. Il ordonna qu'on fît périr tous les sages de Babylone » (v. 12).

La vie de Daniel et de ses amis était donc en danger ! Daniel, surpris par la sévérité du roi, alla trouver ses amis pour leur en parler. Que firent-ils ? Ils se tournèrent vers Dieu. Ce que Dieu avait dit au psalmiste : « Invoque-moi au jour de la détresse ; je te délivrerai, et tu me glorifieras ! ». (Psaume 50. 15). Et ils furent exaucés. Le Seigneur révéla le songe à Daniel. Celui-ci aurait pu se présenter à Nebucadnetsar, fier de ses connaissances et de son savoir, et parader de façon à supplanter tous ses collègues et obtenir de grandes faveurs de la part du roi. Au lieu de cela, il rendit gloire à Dieu. Il loua le Dieu de ses pères et glorifia son nom. C'était une prière sincère, comme le montre le témoignage qu'il rendit devant Nebucadnetsar. Il sut rester humble et confessa la vérité : « Si ce secret m'a été révélé, ce n'est point qu'il y ait en moi une sagesse supérieure à celle de tous les vivants, mais c'est afin que l'explication soit donnée au roi, et que tu connaisses les pensées de ton cœur » (v.30). Il confessa bel et bien qu'il devait à Dieu l'explication de son songe : « Il y a dans les cieux un Dieu qui révèle les secrets et qui a fait connaître au roi Nebucadnetsar ce qui arrivera dans la suite des temps » (v.28). Et Dieu sait qu'il fallait du courage pour aller lui raconter son songe et lui en donner l'explication ! Les nouvelles n'étaient pas bien bonnes, et il aurait pu en coûter à Daniel ! Mais qu'importait ! Dieu avait accordé un songe au roi et avait un message pour lui. Il fallait le lui annoncer. Daniel s'en savait chargé et ne chercha pas à se dérober.

« Ô roi, tu regardais et tu voyais une grande statue. Cette statue était immense et d'une splendeur extraordinaire. Elle était debout devant toi, et son aspect était terrible. La tête de cette statue était d'or pur ; sa poitrine et ses bras étaient d'argent ; son ventre et ses cuisses étaient en airain ; ses jambes, de fer ; ses pieds, en partie de fer et en partie d'argile. Tu regardais, lorsqu'une pierre se détacha sans le secours d'aucune main, frappa les pieds de fer et d'argile et les mit en pièces. Alors le fer, l'argile, l'airain, l'argent et l'or furent brisés ensemble et devinrent comme la balle qui s'échappe d'une aire en été. Le vent les emporta et nulle trace n'en fut trouvée. Mais la pierre qui avait frappé la statue devint une grande montagne et remplit tout la terre » (v. 31-35).

Voilà pour le songe. Et en voici l'explication :

« Nous en donnerons l'explication devant le roi » (v. 36). Daniel parle au pluriel, bien que le Seigneur ne se fût révélé qu'à lui. Mais ses trois amis l'avaient assisté de leurs prières. Il les associe donc au message qu'il apporte au roi. Il fait preuve à son égard de beaucoup de déférence et utilise à cet effet les titres couramment donnés aux souverains de Babylone et, plus tard, à la Perse (Ezéchiel 26. 7 ; Esdras 7.12). Il affirme aussi qu'il détient son pouvoir et son autorité de Dieu. Bien plus tard, comparaissant devant Ponce Pilate, Jésus lui dira : « Tu n'aurais sur moi aucun pouvoir, s'il ne t'avait été donné d'en haut » (Jean 19. 11). Et le Seigneur sut se servir de l'un comme de l'autre pour accomplir ses desseins. La tête d'or de la statue représente Nebucadnetsar qui a su bâtir un empire puissant.

Un autre empire s'élèvera après le sien et moins puissant que le sien. Il est représenté par la poitrine et les bras de la statue qui sont en argent. Il s'agit de l'empire médo-perse. En effet, un nouvel empire se bâtira au détriment de Babylone. En 625, Cyaxare, roi de Médie (652-612) avait aidé Nabopolassar de Babylone à abattre l'empire assyrien. Il donna ensuite sa fille Amyltis en mariage à Nebucadnetsar, cimentant ainsi l'alliance entre la Médie et Babylone. Mais les Perses, établis au sud et au sud-est de la Médie, se soulevèrent en 550. Cyrus devint ainsi le roi de Médie et de Perse et entama une série de conquêtes foudroyantes. En 539 il s'empara de Babylone gouvernée à cette époque par le roi Nabonide. C'en était fait de l'empire fondé par Nebucadnetsar ! Sans doute les deux bras en argent de la statue évoquent-ils la cohabitation dans le même empire des Mèdes et des Perses qui rivalisèrent pendant longtemps, avant que les Perses ne s'assurent la prédominance. La civilisation babylonienne avait régné pendant près de 2.000 ans, tandis que l'hégémonie des Médo-Perses ne dura que 200 ans. C'est ce que symbolise sans doute l'or dont était faite la tête de la statue, tandis que la poitrine et les bras étaient en argent.

Un troisième empire naîtra en son temps. Il est représenté par le ventre et les cuisses d'airain de la statue. Ce sera l'empire grec fondé par Alexandre le Grand et ses successeurs. Il « dominera sur toute la terre » (v. 39). Il succéda en 334 avant J.-C. à son père Philippe, roi de Macédoine, ramena la paix en Grèce, puis franchit l'Hellespont pour attaquer les Perses qu'il vainquit à la bataille du Granique, puis à Issus sur le littoral nord-est de la Méditerranée. Puis il s'empara successivement de Damas, de Sidon et de Tyr, se soumit la Palestine et pénétra en Égypte où il fonda Alexandrie. Après de nouvelles conquêtes, il mourut à Babylone en 323, à l'âge de 33 ans. Quatre de ses généraux, appelés les diadoques, se partagèrent son vaste empire. Les Grecs étaient à cette époque les maîtres du monde. D'autres visions du livre de Daniel fourniront des détails sur cette époque qui menaça grandement le destin du peuple de Dieu. Parmi les quatre généraux qui succédèrent à Alexandre le Grand, deux jouèrent un rôle déterminant. Il s'agit d'Antiochus le Grand et de Ptolémée Sôter qui régnèrent sur la Syrie et l'Égypte et fondèrent deux dynasties rivales. Il se pourrait que ces deux dynasties soient symbolisées par les deux cuisses de la statue.

Enfin un quatrième empire surgira sur les ruines du précédent. C'est l'empire romain. Il sera « fort comme le fer. De même que le fer brise et rompt tout, il brisera et rompra tout, comme le fer qui met tout en pièces » (v.40). Le texte nous fournit quelques précisions à son sujet, peut-être parce qu'il se situe dans un avenir plus lointain. Le fer évoque l'invincibilité des armées romaines. Mais il manquera d'unité. Les pieds de la statue sont en partie de fer et en partie d'argile (v.33).Ce sont là deux matériaux non miscibles. Sans doute est-ce une allusion aux dissensions qui opposeront la Syrie à l'Égypte. Après un début brillant, l'empire romain se révélera fragile. Les nombreuses alliances entre les familles royales retarderont peut-être sa chute, mais ne pourront pas l'empêcher.

Signalons que les théologiens, qui prétendent que la prédiction de l'avenir n'est pas possible et soutiennent que l'auteur inconnu du livre de Daniel vécut au 2ème siècle avant J.-C., donc à l'époque grecque, voient l'empire grec symbolisé par les jambes et les pieds de la statue. Ils sont donc obligés de scinder l'empire médo-perse en deux. La poitrine et les bras représentent selon eux l'empire mède, et le ventre et les cuisses l'empire perse. Une telle interprétation soulève des difficultés et met en évidence les contradictions avec les faits historiques sur lesquelles nous ne pouvons pas nous attarder ici. L'un des plus graves reproches que font ces théologiens à l'auteur inconnu du livre est qu'il a commis, paraît-il, certaines graves erreurs historiques. Ces difficultés n'existent par lorsqu'on croit en toute simplicité que les auteurs inspirés de la Bible ont été l'objet de révélations divines et ont su prédire l'avenir, chaque fois en tout cas que le Seigneur a voulu qu'ils le fassent !

« Dans le temps de ces rois, le Dieu des cieux suscitera un royaume qui ne sera jamais détruit et qui ne passera pas sous la domination d'un autre peuple. Il brisera et anéantira tous ces royaumes-là, et lui-même subsistera éternellement » (v.44). Ce nouveau royaume ne sera pas bâti par les hommes. Il ne s'établira pas par la force des hommes ni la puissance de leurs armes. Il aura Dieu pour auteur et pour souverain. La vision évoque cela de façon éloquente : Une pierre se détache de la montagne sans le secours d'aucune main (v. 34, 45) et, ayant détruit la statue, devient « une grande montagne et remplit tout la terre » (v. 35). Ce royaume sera l'œuvre de Dieu. Il brisera tous les royaumes de ce monde, non pas par le feu et le tranchant de l'épée, mais en les pénétrant de toutes parts, en jetant à terre les idoles qu'on y vénère, en libérant les hommes de la puissance satanique qui est à l'action dans ce monde et en les convertissant à Dieu. La victoire de ce royaume est partielle aussi longtemps que dure l'histoire de ce monde. Ce n'est que dans l'éternité que le mal qui régit ce monde sera entièrement et glorieusement vaincu. Le Christ viendra en son temps fonder sur terre un règne de grâce qui débouchera sur le Royaume éternel de gloire. Sa puissance sera celle de l'Evangile, de ce message de grâce, de pardon, de victoire et de vie fondé sur son œuvre de rédemption, sur l'effusion de son sang précieux et sa résurrection triomphante. L'ancien ordre des choses sera un jour définitivement vaincu, et les sujets de son Royaume vivront auprès de leur Rédempteur d'éternité en éternité.

Le colosse qui représente les puissances de ce monde est fait de métaux précieux ou durs. Elles sont bâties par l'intelligence, la ruse ou la force. Elles exaltent la science et l'adresse des hommes, quand ce n'est pas leur soif de pouvoir, la cruauté ou la violence. Mais le colosse repose sur des pieds d'argile. Si majestueux qu'il soit, il est fondamentalement fragile. Le Royaume de Dieu au contraire est d'humble apparence, semblable à une simple pierre qui se détache du sommet de la montagne. Mais il a raison des royaumes que bâtissent les hommes, car en lui agit une puissance invisible, celle de l'Evangile. Et la pierre grandit, grandit, finit par devenir une grande montagne qui remplit toute la terre (v.35). Dieu veut bâtir son royaume. Qui saurait lui résister ? Quel est le tyran qui pourrait lui tenir tête ? Il rit quand il voit les nations construire des tours de Babel et se liguer contre lui et son Messie. Les peuples et leurs chefs les plus prestigieux sont des jouets entre ses mains. Il est le Maître de leurs destinées. Il a un plan, un programme qu'il veut à tout prix mettre en œuvre. Il sait se servir pour cela de la grandeur et de la décadence des empires de ce monde.

Nebucadnetsar est tellement impressionné par la vision qui lui a été accordée et l'explication qui lui en a été donnée qu'il offre des honneurs tout à fait particuliers à celui que Dieu a choisi pour lui adresser ce message. En s'agenouillant devant Daniel (v.46), il se prosterne devant le Dieu de Daniel qui avait humblement confessé que l'Éternel lui avait révélé la vision du souverain. Si Nebucadnetsar avait fait mine d'adorer le prophète, celui-ci le lui aurait interdit. D'ailleurs, c'est bien à Dieu que le roi rend hommage. Il dit en effet : « En vérité, votre Dieu est le Dieu des dieux et le Seigneur des rois » (v. 47). Nebucadnetsar est un polythéiste et le restera ; il vénère plusieurs dieux. Ceux de son pays, car chaque pays a les siens, et il n'est pas question de leur devenir infidèle. Mais Yahvé entre dans le panthéon, et le roi semble même admettre que le Dieu d'Israël est plus grand et plus puissant que les deux principales divinités babyloniennes qu'il vénère, Mardouk, protecteur de l'humanité, et Nébo, dieu de la révélation et de la connaissance.

Nebucadnetsar tient sa promesse (v.6). Il comble Daniel de présents et lui confie « le commandement de toute la province de Babylone » (v. 48). On songe à Joseph, élevé au rang de grand vizir du pharaon (Genèse 41. 37 ss), et à Mardochée à la cour de Perse (Esther 8. 1, 2). Daniel fut promu à une dignité dont Dieu allait se servir en son temps pour accomplir ses desseins. Schadrac, Meschac et Abed-Nego avaient soutenu Daniel par leurs prières. Daniel pense donc à eux et obtint pour eux l'intendance de la province de Babylone dont il était devenu le gouverneur. Lui-même faisait partie à ce titre de la cour impériale (v. 49).

Un sujet de méditation :

Si puissants et invincibles qu'ils paraissent, les royaumes de ce monde sont fragiles et passagers. Ils naissent, s'étendent, puis disparaissent pour laisser la place à d'autres. L'impérialisme et l'orgueil sont deux symptômes de la folie qui règne sur cette terre.

Dieu reste le Maître de ce monde et tire les ficelles de son histoire. Nebucadnetsar dut l'apprendre à ses dépens, lui dont Jérémie avait prophétisé la chute en ces termes : « Quand Babylone s'élèverait jusqu'aux cieux, quand elle rendrait inaccessible ses hautes forteresses, j'enverrai contre elle les dévastateurs, dit l'Éternel. Des cris s'échappent de Babylone et le désastre est grand au pays des Chaldéens, car l'Éternel ravage Babylone… Ainsi parle l'Éternel des armées : les larges murailles de Babylone seront renversées, ses hautes portes seront brûlées par le feu. Ainsi les peuples auront travaillé en vain, les nations se seront fatiguées pour le feu » (Jérémie 51. 53 ss).

Au milieu de ces royaumes qui se font et se défont, au milieu de ce monde où toute chair est comme l'herbe des champs, Dieu établit le Royaume de son Messie, un royaume universel et éternel, seul espoir inébranlable des hommes. Le sort qui attend les puissances de ce monde mettra en lumière le destin du Royaume du Christ dont toute la Bible enseigne qu'il sera impérissable et glorieux.

CHAPITRE 3

Les trois hommes dans la fournaise ardente
Les royaumes de ce monde ne peuvent pas nuire
aux saints de Dieu

Ce nouvel épisode vient confirmer ce que nous avons déjà appris précédemment : les royaumes de ce monde ne peuvent rien contre le Royaume de Dieu ! Il n'est pas daté, mais Nebucadnetsar est encore assis sur le trône de Babylone. L'ancienne traduction grecque de l'A.T. appelée les Septante, mentionne la 18ème année de son règne. Cette précision ne figure pas dans le texte inspiré de l'A.T. Si elle est exacte, elle situe l'épisode l'année même où Jérusalem fut détruite (2 Rois 25. 8). Mais il ressort clairement du texte que Nebucadnetsar est à l'apogée de sa gloire. Il s'agit maintenant pour lui de jouir de son prestige.

Il fit donc construire une immense statue en or. Elle représentait ou bien le monarque lui-même ou bien l'un de ses dieux favoris qui l'avait investi de son pouvoir. Elle était en or, comme la tête de la statue du chapitre précédent. Quel autre métal aurait pu dignement symboliser sa puissance ? En or massif ? Sans doute pas. Elle avait tout de même 60 coudées de haut et 6 coudées de large, soit environ 20 mètres sur 2. Il devait s'agir d'une statue en bois ou en pierre, recouverte d'un placage en or, semblable en cela aux idoles des païens (Esaïe 40. 19 ; Jérémie 10. 3-9). Le roi la fit ériger dans la vallée de Dura (v.2), nom courant en Mésopotamie.

Il s'agissait maintenant de procéder à sa dédicace. Nebucadnetsar convoqua donc tous les dignitaires et hauts fonctionnaires de son empire pour assister à la cérémonie. Sans doute comptait-il sur l'effet psychologique de l'événement. C'était l'occasion pour lui d'étaler sa puissance aux yeux de ses courtisans et de les contraindre à un serment de loyauté. Se prosterner devant le monument de son dieu favori revenait à confesser que ce dieu était plus puissant que ceux des nations qu'il avait vaincues. Et si la statue représentait Nebucadnetsar lui-même, s'agenouiller devant elle signifiait saluer dans ce roi l'incarnation d'une divinité. Beaucoup de dignitaires de son empire étaient des étrangers, des nobles recrutés parmi les nations conquises. Le roi n'entendait pas les obliger à se détourner de leurs dieux et à se convertir au sien, mais il voulait qu'ils reconnaissent tous la supériorité de ce dernier.

Les satrapes, les intendants, les gouverneurs, les grands juges, les trésoriers, les jurisconsultes, les juges et les magistrats sont là, fidèles au rendez-vous (v.2). Certains de ces titres sont d'origine Perse, et leur sens précis reste sujet à caution. Pourquoi des termes perses ? Les critiques y voient la preuve que le livre n'a pas pu être écrit à l'époque de Daniel, mais qu'il le fut plus tard, à une époque postérieure à l'invasion des Perses. Mais Daniel, le contemporain de Nebucadnetsar, vivait encore à l'avènement de l'empire perse. Il a donc fort bien pu employer les titres qui avaient cours à la fin de sa vie et qui avaient supplanté les anciens titres babyloniens dont on ne connaissait plus le sens. Ne vivait-il pas à la cour (Daniel 2. 49 ; 6. 2), où il pouvait les entendre tous les jours ?

Tous sont là, attendant pour se prosterner devant la statue. « Un héraut cria à haute voix : Voici ce qu'on vous ordonne, peuples, nations, hommes de toutes langues ! Au moment où vous entendrez le son de la trompette, du chalumeau, de la guitare, de la sambuque, du psaltérion, de la cornemuse et de toutes sortes de musique, vous vous prosternerez et vous adorerez la statue qu'a élevée le roi Nebucadnetsar (v. 4, 5). Un véritable orchestre symphonique, digne de celui de la garde républicaine ! Mais plusieurs de ces noms d'instruments sont d'origine grecque (guitare, psaltérion). Preuve de plus pour les critiques que ce livre fut écrit beaucoup plus tard ! Mais c'est oublier que, bien longtemps avant l'avènement d'Alexandre le Grand, les Grecs avaient eu des relations commerciales et autres avec le Proche-Orient et le Moyen-Orient. D'autre part, il y avait des mercenaires grecs dans les armées orientales. La légion étrangère existait déjà à l'époque ! D'où l'existence d'instruments de musique portant des noms grecs. On sait que la civilisation et les arts grecs jouissaient d'un grand rayonnement dans l'Antiquité.

Tous ceux qui avaient été invités à la fête devaient, à un signal donné, se prosterner devant la statue. Tout refus serait inévitablement interprété comme un acte d'insoumission au pouvoir impérial que les dieux de Babylone avaient confié à Nebucadnetsar.

Tous s'exécutent, sauf… les trois amis de Daniel, Schadrac, Meschac et Abed-Nego. Le roi ne s'en était pas rendu compte, mais il en fut informé par les « Chaldéens » attachés à sa cour. Ils dénoncèrent les trois hommes en ces termes : « Il y a des Juifs à qui tu as remis l'intendance de la province de Babylone, Schadrac, Meschac et Abed-Nego, hommes qui ne tiennent aucun compte de toi, ô roi. Ils ne servent pas les dieux, et ils n'adorent pas la statue que tu as élevée » (v.12). Le fait qu'ils mentionnent leurs titres indique que les Chaldéens étaient mus par la jalousie. C'est tout juste s'ils ne reprochent pas au roi d'avoir agi à la légère en leur accordant une telle promotion ! « Ils ne tiennent aucun compte de toi, ô roi », interprétation malveillante qui laisse transparaître un désir de vengeance !

Mais où était Daniel ? Nous l'ignorons. Nommé gouverneur de la province de Babylone au sein du vaste empire babylonien, ses fonctions l'avaient peut-être retenu ailleurs, à moins que son rang ne l'eût dispensé d'assister à cette cérémonie, qu'il n'eût été exempté de ce geste d'allégeance.

« Alors Nebucadnetsar ; irrité et furieux, donna l'ordre qu'on lui amenât Schadrac, Meschac et Abed-Nego ». Il était d'autant plus vexé que les trois amis de Daniel avaient accédé, à la demande de ce dernier, à de très hautes fonctions. Le roi ne pouvait pas se permettre de perdre la face de la sorte, devant tous les membres de son gouvernement. Si les hauts fonctionnaires se montrent insoumis, que feront les subalternes ? Mais Nebucadnetsar se montre grand seigneur. Il décide de leur donner une nouvelle chance. Après tout, il y avait peut-être un malentendu ou une dénonciation mensongère de la part de courtisans jaloux… Il leur enjoint donc de se tenir prêts. L'orchestre jouera de nouveau, et ils devront à ce signal se jeter à terre devant la statue. Il aurait eu des raisons d'être un peu plus modeste. Le Dieu d'Israël ne lui avait-il pas donné une leçon pour cela, et Nebucadnetsar ne lui avait-il pas rendu gloire (Daniel 2. 47) ? Il aurait pu faire preuve d'un peu de respect pour le Dieu de ces hommes !

Schadrac, Meschac et Abed-Nego savent que Nebucadnetsar est aveugle. Il est prisonnier de son polythéisme. De longues explications ne serviraient à rien. Donc, pas de paroles inutiles ! Seuls les actes comptent ! « Nous n'avons pas besoin de répondre là-dessus. Voici, notre Dieu que nous servons peut nous délivrer de la fournaise ardente, et il nous délivrera de ta main, ô roi. Sinon, sache, ô roi, que nous ne servirons pas tes dieux et que nous n'adorerons pas la statue que tu as élevée » (v. 16-18). Ils refuseront donc de se prosterner. Si Dieu le veut, il les délivrera. Sinon, que sa volonté soit faite. Au moins, ils auront été fidèles ! Doutent-ils de la toute-puissance du Seigneur ? Non, mais Dieu pourrait avoir des raisons de ne pas les délivrer. La délivrance pourrait ne pas correspondre à ses desseins. Leur attitude ferme et confiante est un des plus beaux exemples de foi dans la Bible. « Il nous délivrera de ta main, ô roi ! » (v. 17). C'était une autre façon de dire : Notre Dieu, le Dieu de cette petite Judée pour laquelle tu n'avais que du mépris et que tu as su vaincre si facilement, est plus fort que toi et que tous les dieux en qui tu mets ta confiance !

Devant une telle ténacité, Nebucadnetsar renonce à soumettre les trois hommes à un nouveau test d'obéissance et ordonne qu'ils soient jetés dans le feu. Jamais il n'avait eu affaire à autant de fermeté, à des hommes osant lui résister avec un tel courage et une telle confiance en leur Dieu. La colère le défigure. Il demande que la fournaise soit chauffée « sept fois » plus que de coutume. 7 fois : c'est un chiffre symbolique (Cf. Lévitique 26. 18, 21, 24, 28). Il s'agissait sans doute d'un four semblable aux fours à chaux, construit en briques et adossé au flanc d'une colline, avec une ouverture en haut à laquelle on accédait en gravissant un chemin.

Les trois hommes sont revêtus de leurs plus beaux habits, ceux qu'ils avaient mis pour assister à la dédicace de la statue. Ils sont liés avec leurs caleçons, leurs tuniques, leurs manteaux et leurs autres vêtements, et jetés au milieu de la fournaise ardente (v. 21). Précisons que le sens exact des mots araméens désignant ces vêtements est difficile à établir. Les bourreaux qui jetèrent Schadrac, Meschac et Abe-Nego dans le feu périrent, sans doute à la suite d'un retour de flamme. La délivrance ne fut que plus évidente.

Assis à bonne distance, le roi se repaît du spectacle de ces trois hommes, condamnés à mort pour avoir osé lui tenir tête. Soudain, il voit quatre silhouettes. Pourtant ils avaient bien été trois à refuser de se prosterner devant sa statue ! De plus, ils ne sont pas liés, ni étendus au milieu des flammes. Ils se tiennent debout et marchent librement. Ils ne semblent même pas souffrir ; le feu ne leur fait apparemment aucun mal ! Quant au quatrième, sa figure « ressemble à celle d'un fils des dieux » (v. 25). C'est du moins l'explication donnée par le païen Nebucadnetsar. On pourrait grammaticalement traduire par « fils de Dieu ». Mais Nebucadnetsar croit en l'existence de nombreux dieux et ne sait rien du Fils de Dieu dont l'A.T. annonce la venue. C'est un païen qui parle et non un prophète, et les païens de l'époque croyaient que certains dieux s'étaient unis à des hommes pour donner naissance à des êtres mi-divins et mi-humains.

Les trois amis de Daniel avaient eu raison de faire confiance à leur Dieu. Le Seigneur est près de ceux qui le craignent et les délivre du mal. Il le fait souvent par l'intermédiaire de ses anges, et le quatrième homme dans la fournaise en était un. « Il ordonnera à ses anges de te garder dans toutes tes voies. Ils te porteront sur les mains de peur que ton pied ne heurte contre une pierre » (Psaume 91. 11). « L'ange de l'Éternel campe autour de ceux qui le craignent et les arrache au danger » (Psaume 37.4).

Un dieu très puissant était intervenu. C'était clair pour Nebucadnetsar. Comment pourrait-il s'opposer à lui ? Il ne restait qu'une solution : Délivrer

Schadrac, Meschac et Abed-Nego. Le roi avait enregistré un échec patent. De nombreux dignitaires de son empire avaient été les témoins de la scène : « Les satrapes, les intendants, les gouverneurs et les conseillers du roi s'assemblèrent ; ils virent que le feu n'avait eu aucun pouvoir sur le corps de ces hommes… » (v. 27). Ils étaient sortis indemnes de la fournaise. Même leurs cheveux n'avaient pas été brûlés, et ils ne sentaient même pas le roussi ! (v. 27). Alors, Nebucadnetsar rendit hommage au Dieu d'Israël, mais en parlant de lui à la façon d'un polythéiste : « Béni soit le Dieu de Schadrac, Meschac et Abed-Nego, lequel a envoyé son ange et délivré ses serviteurs qui ont eu confiance en lui et qui ont violé l'ordre du roi et livré leurs corps plutôt que de servir et d'adorer un autre dieu que leur Dieu » (v.28). Il n'est pas le Dieu unique, le Créateur et Maître de l'univers, en dehors duquel il n'y a pas d'autre dieu et que Nebucadnetsar devrait adorer en se détournant de ses idoles, mais un dieu parmi d'autres, plus puissant que bien d'autres et qu'il convient donc de respecter, à défaut de l'adorer. Il identifie maintenant comme un ange celui qu'il avait appelé auparavant un « fils des dieux ». Puis il fait l'éloge de la confiance que ces trois hommes ont en leur Dieu. Il admet qu'ils ont transgressé son ordre et risqué la mort pour lui rester fidèles. Comment pourrait-il leur en vouloir, puisque le Dieu d'Israël lui a clairement fait comprendre qu'il avait mal agi en exigeant d'eux qu'ils se prosternent devant sa statue ? L'Éternel avait démontré au roi qu'il était plus fort que lui et qu'il devait s'attendre à des représailles, s'il s'opposait à lui et persécutait son peuple. Nebucadnetsar ne dit rien contre les dieux de son panthéon. Il ne les rejette pas, il ne nie pas leur existence. Mais il interdit formellement de dire quoi que ce soit contre le Dieu des Juifs : « Tout homme… qui parlera mal du Dieu de Schadrac, Meschac et Abed-Nego sera mis en pièces et sa maison sera réduite en un tas d'immondices, parce qu'il n'y a aucun autre dieu qui puisse délivrer comme lui » (v.29). Le roi agit sous le coup de la peur. Il aurait dû se convertir à l'Éternel qui lui avait prouvé, pour la deuxième fois, qu'il était le Dieu souverain du ciel et de la terre, mais il était trop pris dans les liens de son paganisme. S'il « fit prospérer Schadrac, Meschac et Abed-Nego dans la province du Babylone » (v. 30), ce fut sans doute pour se concilier les faveurs de leur Dieu. Mieux valait ne pas se frotter à lui !

Un sujet de méditation :

Les royaumes de ce monde font la guerre au Royaume de Dieu. Dieu ne peut pas établir de grâce dans un monde qui exalte l'homme, ses capacités, sa puissance et ses réalisations, sans que ce monde se dresse contre lui et persécute les siens. Ce monde déchu est hostile à sa Parole. A certaines époques de l'histoire, cette hostilité devient manifeste et brutale ; à d'autres, elle est latente et sournoise. Mais elle peut se manifester à tout moment de façon violente et cruelle. Les chrétiens doivent y penser.

Mais le Seigneur est aussi puissant pour protéger les siens. S'il le veut, il sait les délivrer de façon miraculeuse. Il attend d'eux qu'ils fassent preuve de confiance et qu'ils lui restent fidèles, et cela quoi qu'il en coûte. C'est cela, aimer Dieu de tout son cœur, de toute son âme et de toutes ses forces. L'histoire de ces trois hommes dans la fournaise illustre une vérité de la Bible qu'un prédicateur a un jour formulée de la façon suivante : « Quand on a Dieu de son côté, on est toujours dans la majorité ».

Et quand les démons furieux

Rempliraient cette terre,

De ces tyrans audacieux

Qu'importe la colère !

Le Dieu tout-puissant

Est ici présent.

Prie et ne crains rien,

Un seul mot, ô chrétien,

Terrasse l'adversaire !

CHAPITRE 4

L'édit de Nebucadnetsar : le grand arbre et le bœuf
Dieu écrase l'orgueil des puissants de ce monde

Décidément, Nebucadnetsar est lent à comprendre. La vision du chapitre 2 et l'épisode du chapitre 3 n'ont pas suffi pour le rendre humble et l'inciter à un peu de modération dans ses prétentions. Dieu le reprend donc à son école. Un nouveau songe lui apprend que le Seigneur du ciel et de la terre « résiste aux orgueilleux, mais il fait grâce aux humbles ». Le châtiment annoncé sera exemplaire, de sorte que le roi publiera un édit pour faire connaître ce qui lui est arrivé.

« Nebucadnetsar, roi, à tous les peuples, aux nations, aux hommes de toutes langues qui habitent sur toute la terre ». Les empereurs de Babylone se disaient rois de toute la terre, bien qu'ils aient su qu'au-delà des frontières de leur empire il y avait des pays inexplorés par eux et dont ils n'étaient pas les maîtres. « Il m'a semblé bon de faire connaître les signes et les prodiges que le Dieu suprême a opérés à mon égard » (v. 2). C'est un langage typiquement biblique, propre à un croyant. Nebucadnetsar appelle l'Éternel le « Dieu suprême ». Mais Mardouk, Bel et Nego étaient aussi pour lui des dieux suprêmes. Ce qu'il dit de l'Éternel, il avait l'habitude de le confesser à son dieu favori, Mardouk. Le grand conquérant n'est plus en guerre. « Je vivais tranquille, dans ma maison et heureux dans mon palais » (v.4), dit-il. La paix règne autour de lui et les royaumes qu'il a annexés à son empire se tiennent tranquilles. Alors, un jour, il a un songe inattendu et imprévisible. Il s'interroge, se doutant qu'un événement important va se produire et bouleverser son règne. Inquiet, il convoque les astrologues, les Chaldéens et les devins, mais ils ne surent quoi lui dire (v. 5-7). Il finit par s'adresser à Daniel. Lui, il ne le convoqua pas, mais il se présente lui-même devant lui (v. 8). On notera la nuance. Le roi est plein de respect pour le prophète, tout comme il semble craindre ses révélations. Pourquoi a-t-il convoqué les sages de son pays, au lieu de demander tout de suite une audience à Daniel qui avait déjà fait preuve de tant de sagesse et d'intelligence ? Sans doute parce que devins, magiciens et astrologues constituaient une caste dans le pays, formée et entretenue par le roi.

Nebucadnetsar appelle Daniel « chef des magiciens ». Le mot désignait des gens capables d'accomplir des actes et de fournir des explications transcendant le pouvoir humain. Le monarque sait que l'aptitude de Daniel n'est pas naturelle, innée, mais un don qui lui a été accordé par son Dieu, et il sait de quoi ce Dieu est capable. Il a cependant le langage d'un polythéiste : « Tu as en toi, je le sais, l'esprit des dieux saints » (v.9). Qu'a vu le roi ? Un arbre immense dont la cime s'élevait jusqu'aux cieux. Il était si grand qu'il offrait un abri aux bêtes des champs et aux oiseaux du ciel. Ainsi Nebucadnetsar était un puissant monarque qui régnait sur un immense empire. Il offrait à tous ses sujets prospérité, bien-être et paix (v. 10-12). L'image est courante dans la Bible. Le prophète Ezéchiel compare l'Assyrie à un grand cèdre du Liban : « Tous les oiseaux du ciel nichaient dans ses branches, toutes les bêtes des champs faisaient leurs petits sous ses rameaux, et de nombreuses nations habitaient toutes à son ombre » (Ezéchiel 31. 3-18 ; 19.10 s).

« Mais voici, un de ceux qui veillent et qui sont saints descendit des cieux » (v. 13). Il s'agit selon toute vraisemblance d'un ange, comme l'indique du reste la traduction des Septante. Les anges sont en effet les instruments des jugements divins (Exode 12. 23 ; 2 Samuel 24.16). L'ange en question crie d'une voix forte, revêtu d'autorité divine, à des agents que le texte n'identifie pas. Ce sont sans doute des anges subalternes dans la hiérarchie angélique. Il ordonne la destruction complète de l'arbre, en précisant toutefois : « Laissez en terre le tronc où se trouvent les racines » (v. 14, 15). Il s'agit en fait de la souche. Le même sort fut réservé au cèdre du Liban qu'était l'Assyrie (Ezéchiel 31. 3-18).

Destruction soudaine et totale, à l'exclusion de la souche, car l'arbre revivra un jour. Cf. le rameau qui sort du tronc d'Isaï, le rejeton qui naît de ses racines, symbole du Christ, fils de David, dont la dynastie s'était éteinte (Esaïe 11. 1).

« Liez-le avec des chaînes de fer et d'airain » (v. 15).Pourquoi des chaînes ? Pour retenir ou protéger la souche ? Certainement pas ! C'est que le sujet change. Le texte décrit, sans transition, la maladie mentale dont sera frappé Nebucadnetsar. Ces chaînes en sont l'image, comme elles sont le symbole de toute misère et souffrance (Psaume 107. 10 ; Job 36. 8).

Le texte passe donc de la description de l'arbre à celle du roi. « Qu'il soit trempé de la rosée du ciel et qu'il ait, comme les bêtes, l'herbe de la terre pour partage. Son cœur d'homme lui sera ôté, et un cœur de bête lui sera donné, et sept temps passeront sur lui » (v. 15, 16). Il perdra donc la raison, au point de ne plus chercher à se couvrir la nuit, se souciant aussi peu de l'humidité de la nuit que les bêtes des champs. « Son cœur d'homme lui sera ôté, un cœur de bête lui sera donné ». Chez les Orientaux le cœur était le centre de l'activité mentale, le siège de l'intelligence (Cf. Jérémie 5. 21 ; Osée 7. 11). Plus loin il sera dit que le roi mangera de l'herbe comme les bœufs (v. 33). Il semble que nous ayons là les symptômes d'une grave maladie mentale qu'on appelle la zoanthropie. C'est, en langage médical, une manie démentielle qui fait que le sujet qui en est atteint adopte les attitudes et le style de vie d'un animal, qu'il s'agisse d'ornithoanthropie (homme oiseau), de boanthropie (homme-bœuf) ou de lycanthropie (homme loup). Dans le cas de lycanthropie, par exemple, le malade hante la forêt, la nuit, se déplace à quatre pattes, imite les hurlements des loups, se précipite sur les animaux et les saisit à la gorge, traîne avec lui les débris de cadavres. La littérature ancienne atteste que ce type de folie était très répandu chez les Scythes, les Grecs, les Celtes, les Slaves et les Germains. Les récits sont bien-sûr entachés de bien des représentations mythologiques et de croyances superstitieuses. La chose était courante aussi dans la France du Moyen Âge, et l'histoire fait état de quelques procès célèbres, notamment dans le Jura et dans le Bordelais. C'était l'époque où on faisait la chasse aux sorcières. Il est du reste fort possible que cette maladie soit associée à la possession démoniaque. Dans des temps plus récents on cite le cas de Georges III d'Angleterre (1738-1820) et d'Otto de Bavière. Nebucadnetsar était atteint, de toute évidence, de boanthropie. Cela dura « sept temps » (v. 16). Peut-être sept ans, mais l'indication est sans doute symbolique. Sept est le chiffre divin qui définit un acte comme divin. Dieu lui envoya cette maladie, et elle dura le temps qu'il fallait pour qu'il puisse accomplir son œuvre à l'égard de Nebucadnetsar.

Le roi voulut s'assurer qu'il n'avait pas été la victime d'une hallucination, mais que son songe était d'origine divine. Il se tourna donc vers Daniel. Les sages de la cour n'avaient pas su lui expliquer ce que signifiait cette vision. « Toi, tu le peux, car tu as en toi l'esprit des dieux saints » (v. 18). Il avait appelé le prophète Beltschatsar. Ce changement de nom devait signifier à Daniel qu'il était au pouvoir du roi.

Pourtant, comme le songe l'indique, il y a plus fort et plus grand que Nebucadnetsar : Le Dieu suprême ! Le sens du songe est tel que Daniel en est stupéfait. Il reste un certain temps bouche bée (v. 19). Il a une mauvaise nouvelle à annoncer au roi. Celui-ci l'encourage à parler. Sans doute se doute-t-il qu'un malheur l'attend, sans toutefois en mesurer l'importance. La chose est si grave que Daniel souhaiterait que le songe concerne un autre que le roi et que le châtiment divin qui va s'abattre sur lui frappe ses ennemis (v.19).

Daniel reprend alors le récit du songe, tout en l'interprétant. Il ne cherche pas à gagner du temps, mais, ayant récapitulé la vision, en arrive à la conclusion claire et nette : cet arbre, « c'est toi, ô roi » (v. 22). Un peu comme Nathan avait dit à David : « Cet homme, c'est toi ! » (2 Samuel 12. 7). Dieu abattra l'orgueilleux monarque, un peu comme des bûcherons abattent un gros chêne. Pendant sept « temps », il vivra comme un animal, jusqu'à ce qu'il sache que « le Très-Haut domine sur le règne des hommes et qu'il le donne à qui il lui plaît » (v. 29). Toutefois, « l'ordre de laisser le tronc où se trouvent les racines de l'arbre signifie que ton royaume te restera, quand tu reconnaîtras que celui qui domine est dans les cieux » (v. 26). Voilà ce qu'a décrété le Dieu tout-puissant. Il a une leçon à donner au roi et la lui donnera. Nebucadnetsar doit s'humilier devant lui. Mais l'épreuve contient aussi une promesse : quand il aura appris cette leçon, son châtiment prendra fin (v. 26). L'évocation de la souche suscite l'espoir. L'arbre pourra renaître. Dieu ne demande à Nebucadnetsar que la reconnaissance de sa souveraineté divine et le renoncement à son orgueil personnel.

Daniel fait aussi ce qu'on ne lui a pas demandé. Il donne des conseils au roi. Ce n'était pas évident, loin de là. Les souverains orientaux n'avaient pas l'habitude de recevoir de leurs subalternes des conseils qu'ils ne leur avaient pas demandés. Daniel reste cependant respectueux du monarque : « C'est pourquoi, ô roi, puisse mon conseil te plaire ! » (v. 27). Il se souvient du 4ème commandement. Puis il lui dit : « Mets un terme à tes péchés, en pratiquant la justice, et à tes iniquités en usant de compassion envers les malheureux, et ton bonheur pourra se prolonger ». Il ne l'invite pas à se convertir. Sans doute des années d'expérience lui ont-elles appris qu'une conversion n'était plus envisageable pour Nebucadnetsar. Par contre, il l'exhorte à la justice civile, lui demande de renoncer à la violence et à l'injustice dans l'exercice de son pouvoir, et de pratiquer la miséricorde et la bonté. C'était beaucoup demander à un potentat oriental ! Ces qualités attesteront qu'il s'est humilié. Répétons-le : Daniel ne montre pas à Nebucadnetsar le chemin du salut ; il ne lui prêche pas la repentance et la foi en Dieu. Mais il lui montre ce qu'il doit faire, s'il veut retrouver le bonheur et mener un règne long et prospère. Le texte ne dit pas comment Nebucadnetsar réagit à l'exhortation de Daniel. L'a-t-il prise à cœur, et de façon durable ? Ou l'a-t-il oubliée quand le temps du châtiment fut passé ?

En tout cas, rien ne change dans l'immédiat. Douze mois passèrent. C'est un sursis que Dieu accordait au roi. Un jour que celui-ci se promenait dans le magnifique palais qu'il s'était fait construire, il admira « Babylone la grande » (v. 30) qu'il avait fait bâtir pour exalter sa puissance et son prestige. C'était un défi lancé au Seigneur. Des documents archéologiques relatifs à Nebucadnetsar exaltent du reste les grandioses entreprises de construction de ce roi. Babylone fut, après Ninive réduite en ruines, la plus grande métropole de l'Antiquité. Conquise des mains des Assyriens, elle fut considérablement agrandie. Nebucadnetsar fut le promoteur de cette grandiose entreprise, comme l'attestent notre texte et les documents archéologiques parvenus jusqu'à nous.

Le défi lancé à Dieu fut tel qu'il réagit immédiatement. Le temps de grâce était révolu. Le roi devint dément. Il ne vécut plus parmi les hommes. Sans doute l'a-t-on mis à l'écart, à l'intérieur de l'enceinte du palais, et ses ministres ont-ils géré pendant ce temps les affaires de son royaume. Quand le temps de l'épreuve fut passé, le roi retrouva la raison et rendit gloire à Dieu. « Après le temps marqué, moi, Nebucadnetsar, je levai les yeux vers le ciel, et la raison me revint. J'ai béni le Très-Haut, j'ai loué et glorifié celui qui vit éternellement, celui dont la domination est une domination éternelle et dont le règne subsiste de génération en génération. Tous les habitants de la terre ne sont à ses yeux que du néant : il agit comme il lui plaît avec l'armée des cieux et avec les habitants de la terre, et il n'y a personne qui résiste à sa main et qui lui dise : Que fais-tu ? » (v. 34, 35).

Nebucadnetsar retrouve non seulement la raison, mais son royaume et sa puissance. Plus de puissance encore qu'il n'en avait auparavant. Il retrouve aussi la faveur de ses ministres et de toute sa cour : « Mes conseillers et mes grands me redemandèrent. Je fus rétabli dans mon royaume, et ma puissance ne fit que s'accroître. Maintenant, moi, Nebucadnetsar, je loue, j'exalte et je glorifie le roi des cieux, dont toutes les œuvres sont vraies et les choses justes, et qui abaisse ceux qui marchent avec orgueil. » (v. 36, 37). On remarquera qu'il exalte la vérité et la justice du Seigneur, mais pas sa grâce et son pardon. Pour cela, il faut plus que de l'humilité : la repentance et la foi.

Un sujet de méditation :

Dieu tient tête aux empires de ce monde bâtis par l'orgueil humain. Nebucadnetsar est l'illustration de l'esprit qui les anime. Le Seigneur les laisse construire leurs tours de Babel, mais il entend démontrer qu'il est le Maître de ce monde. Il domine sur le règne des hommes et le donne à qui il lui plaît (v. 32). Combien de fois n'a-t-il pas défait les empires qu'ils ont bâtis, dans lesquels ils ont mis leur confiance et dont ils se sont glorifiés !

Nous vivons aujourd'hui encore à une époque d'impérialisme politique, économique, culturel. Les grands de ce monde d'aujourd'hui feraient bien de ne pas oublier les leçons douloureuses que le Seigneur a su donner à certains de leurs prédécesseurs ! Mais la leçon vaut pour tous les hommes, si petits qu'ils soient. Il s'agit d'être vigilant. « Dieu résiste aux orgueilleux, mais il fait grâce aux humbles ». Il a bien des moyens d'accomplir sa parole.

CHAPITRE 5

Le festin de Belschatsar
Dieu résiste à l'insolence et à l'arrogance des puissants de ce monde

Près de 70 ans ont passé depuis les événements relatés dans le Ch. 1. Nebucadnetsar a disparu de la scène. Un autre est assis sur son trône. Les chapitres précédents avaient un dénominateur commun : Dieu renverse les puissants de leur trône. Le même thème revient dans notre chapitre, mais avec une variante. L'accent n'est plus sur l'orgueil, mais sur l'insolence.

Notre chapitre soulève d'emblée un problème historique. Qui est ce Belschatsar qui règne sur Babylone ? Le v. 2 parle de Nebucadnetsar comme de son père. D'autre part, il ressort de notre texte que Belschatsar régnait au moment où les Perses s'emparèrent de Babylone. Or, selon l'histoire profane, le dernier roi de Babylone fut Nabonide dont ne parle pas le livre de Daniel. Les critiques voient dans ces apparentes contradictions une preuve supplémentaire en faveur de leur thèse : le livre de Daniel n'a pas pu être écrit par le prophète Daniel, mais fut rédigé plus tard, par un auteur inconnu qui n'était pas fort en histoire !

Pour bien cerner le problème, voici tout d'abord quelques repères historiques, les dates des règnes des souverains babyloniens :

626-605 Nabopolassar

604-562 Nebucadnetsar (Nebuschadretsar)

562-560 Evil-Merodac (Amel Mardouk)

560-556 Nergal-Shar-Usur

556 Labashi-Mardouk

555-539 Nabonide (Nabunald)

538 Conquête de Babylone par Cyrus

Tel est le tableau que les témoignages archéologiques nous permettent d'établir. Où placer Belschatsar dans tout cela ? Certains théologiens l'ont identifié à Evil-Merodac dont il est question dans 2 Rois 25. 27, parce que le texte le dit fils de Nebucadnetsar. Il est arrivé en effet que certaines personnes de l'Antiquité, surtout des personnages importants, portent plusieurs noms. C'est ainsi que Nathan appela Salomon Jedijda (2 Samuel 12. 25). D'autres ont inséré Belschatsar entre Nebucadnetsar et Evil-Merodac. D'autres encore l'ont identifié à Nabonide. La découverte des « cylindres de Nabonide » a permis d'élucider le mystère. Ces cylindres parlent d'un Belschatsar, fils de Nabonide. Il était en fait son fils aîné. Nabonide était le souverain de l'empire babylonien, tandis que Belschatsar son fils régnait sur la « province » de Babylone. Nabonide ne descendait pas de Nebucadnetsar. Or ce dernier est appelé le « père » de Belschatsar (v. 2). On suppose donc que Nabonide, en usurpant le trône de Babylone, épousa une veuve de Nebucadnetsar. C'était une pratique courante et une façon d'affirmer ses prétentions au trône. Si Belschatsar naquit de ce mariage, il était bel et bien un descendant de Nebucadnetsar. Pas son fils, mais un petit-fils. Rien d'anormal à cela. Des inscriptions assyriennes appellent Jehu, roi d'Israël, fils d'Omri, alors qu'il était selon la Bible fils de Josaphat. Omri fut le fondateur d'une dynastie dans le royaume du nord, comme Nebucadnetsar fonda la dynastie des empereurs de Babylone. Les Assyriens avaient coutume d'appeler les rois les fils des fondateurs de leurs dynasties réciproques.

Le roi Belschatsar (son nom signifie : « Que Bel, un dieu babylonien, garde le roi ») « donna un grand festin à ses grands au nombre de mille, et il but du vin en leur présence » (v.1). De tels banquets n'avaient rien de surprenant à une cour babylonienne ou perse. Selon l'historien Kieslas, l'empereur perse nourrissait une cour impériale de 15 000 personnes. Le vin coulant à flots, le repas dégénéra en beuverie. Nebucadnetsar avait emporté les ustensiles sacrés du temple de Jérusalem, avant de le détruire quelques années plus tard. C'était une pratique courante. Mais le vainqueur avait l'habitude de respecter les dieux vaincus. Il évitait de les outrager, pour ne pas s'exposer à leur colère. Belschatsar, lui, se moque du Dieu d'Israël. Ouvertement, en public ! il fait apporter les vases et les coupes du temple de Jérusalem, « afin que le roi et ses grands, ses femmes et ses concubines s'en servent pour boire » (v.2). Il est clair qu'il veut insulter l'Éternel. Les plus viles passions, l'orgueil, l'insolence, l'arrogance, le mépris de tout ce qui est sacré sont attisés lorsqu'on s'en prend à Dieu et à son royaume. Belschatsar défie Dieu, le nargue, le somme en quelque sorte de venger son honneur bafoué par une telle profanation.

Personne ne proteste, n'ose tenir tête au monarque dévoyé. Pour souligner l'horreur de son geste, l'auteur précise à propos du temple qu'il était la « maison de Dieu ». Les femmes et les concubines du roi sont là, elles aussi. Elles n'avaient pas l'habitude d'assister à ce genre de banquet, mais on les y invitait quand on voulait que le festin dégénère en beuverie et en orgie. On boit dans les coupes de Yahvé, tout en glorifiant les idoles païennes. L'insulte, le blasphème et la provocation sont flagrants. Que Yahvé le montre, s'il est Dieu ! Qu'il intervienne !

Et Yahvé va le montrer. « En ce moment apparurent les doigts d'une main d'homme et ils écrivirent, en face du chandelier, sur la chaux de la muraille du palais royal » (v.5). Ce n'est pas une illusion d'optique. Des mots sont réellement écrits sur le mur, par les doigts d'une main, et lisibles pour tous. On ne voit que les doigts d'une main. L'ange à qui ils appartiennent est invisible. Ce n'est pas à lui qu'il faut prêter attention, mais au message qu'il apporte ! L'auteur décrit en détail la réaction du roi. Il pâlit. Il ne tremble pas seulement des genoux, mais des reins : « Les jointures de ses reins se relâchèrent, et ses genoux se heurtèrent l'un contre l'autre » (v. 6). Spectacle pitoyable que celui de ce glorieux roi. Où est son insolence de tout à l'heure ? Il crie, il ne se maîtrise plus (v. 7). Il le sait, une catastrophe l'attend pour avoir insulté le Dieu des Juifs. Alors, il fait ce qu'on fait d'ordinaire dans un cas pareil. Il a recours aux sages de son royaume. Il ne comprend pas ce qui est écrit sur le mur. Le message est pour lui. Il faut à tout prix qu'on le lui interprète ! Celui qui lui donnera la solution de l'énigme sera récompensé d'une façon royale : « il portera un collier d'or à son cou et aura la troisième place dans le gouvernement du royaume » (v. 7). Il viendra immédiatement après Nabonide, l'empereur, et Belschatsar, le roi de la « province » de Babylone.

Et c'est le défilé habituel des astrologues, des Chaldéens et des devins. Ils sont perplexes. Aucun d'eux ne peut interpréter l'énigme. La peur du roi n'en est que plus grande. Les grands de son royaume sont consternés, eux aussi. Alors, la « reine » intervient. Il s'agit peut-être en fait de la reine-mère, dont l'autorité en Orient était plus grande que celle de l'épouse du roi. Selon une hypothèse vraisemblable, c'était la veuve de Nebucadnetsar que l'usurpateur Nabonide avait épousée et qui avait donné naissance à Belschatsar. C'est ce qui expliquerait aussi qu'elle se souvienne du rôle joué par Daniel du vivant de Nebucadnetsar, de sa science, de son intelligence et de sa faculté d'interpréter les songes et d'expliquer les énigmes (v.12). Le texte laisse entendre qu'elle n'avait pas assisté au banquet, mais qu'il l'avait informée de ce qui s'était passé. On notera à la fois la formule rituelle par laquelle elle s'adressa au roi : « Ô roi, vis éternellement ! », et l'autorité avec laquelle elle s'exprime : « Que Daniel soit donc appelé ! » Belschatsar semble ne pas connaître Daniel. Sans doute ce dernier avait-il été révoqué après la mort de Nebucadnetsar, surtout si son successeur Nabonide était un usurpateur. Ceci expliquerait pourquoi Daniel ne fut pas convoqué avec les sages du royaume.

Belschatsar acquiesce. Il n'a pas le choix. Mais la réponse du prophète est brutale : « garde tes dons et accorde à un autre tes présents ! » (v.17). Le roi avait offensé le Dieu de Daniel, et ce dernier n'est pas un flatteur. Il n'admet pas qu'on l'assimile aux sages qui le courtisent et qui sont payés pour le flatter. Il a reçu de Dieu des dons tout à fait particuliers et ne veut pas en tirer profit. Plus tard, il acceptera certains honneurs, mais ce sera en des circonstances différentes. Ici, il ne peut pas, sa conscience le lui interdit. Il lui fallut pour cela un certain courage, quand on connaît les mœurs des despotes de l'époque. Vient ensuite un des plus beaux sermons jamais prononcés par un prédicateur de cour. Daniel dit la vérité, toute la vérité sans rien en cacher. Et cependant il reste respectueux. Il rappelle à Belschatsar la grandeur et la puissance que Dieu avait accordées à Nebucadnetsar, et la terrible leçon qu'il lui avait infligée pour s'être enflé d'orgueil. Belschatsar aurait pu s'en souvenir ! Si le Seigneur a puni de la sorte un puissant souverain, fondateur de l'empire babylonien, qui avait au moins quelques mérites, ne serait-ce qu'en politique et en stratégie militaire, à combien plus forte raison châtiera-t-il l'insignifiant vassal et le vaurien qu'est Belschatsar, qui n'a rien fait pour être élevé à la dignité qui est la sienne ! Il prononce alors un dur réquisitoire. Personne, sans doute, n'avait osé lui parler sur ce ton auparavant. Daniel lui explique très clairement quel odieux crime il a commis en profanant les ustensiles sacrés du temple de Jérusalem, pour se soûler et exalter ses idoles (v. 22, 23). Ce long discours sert d'introduction à l'explication de l'écriture sur le mur. Il fait partie du message divin que Daniel doit annoncer au roi.

« Mené', mené' thequé ! uphar'sin ! » Compté, compté, pesé et divisé !

Le message est bref, comme le sera son interprétation. C'est un terrible verdict sur l'orgueil et l'arrogance des hommes ! « Compté, compté » ou bien « mesuré, mesuré ». Dieu a fait le décompte du règne de Belschatsar. Il est parvenu à son terme. Le Seigneur a décidé d'y mettre fin (v. 26). L'empire babylonien sera démantelé. D'autres en rassembleront les morceaux pour en fonder un nouveau. « Pesé ! » Le roi a été pesé dans la balance divine et trouvé trop léger. Il n'est pas parvenu au niveau que doit atteindre un homme investi de son autorité et de ses responsabilités. « L'Éternel est un Dieu qui sait tout, et par lui sont pesées toutes les actions » (1 Samuel 2. 3). « Celui qui pèse les esprits, c'est l'Éternel ! » (Proverbes 16. 2). « Divisé ! » Le royaume de Belschatsar sera divisé ; d'autres s'en empareront. C'est en même temps un jeu de mots. Le mot araméen « peres » (diviser) ressemble beaucoup à « paras » qui signifie « perse ». Sur les ruines de l'empire babylonien, les Mèdes et les Perses édifieront le leur. Il sera pendant un certain temps bicéphale, Mèdes et Perses s'en disputant la suprématie, jusqu'au jour où les Perses sauront la conserver.

Voici en effet, vers le milieu du VI° siècle, l'apparition de celui dont Dieu se servira pour libérer son peuple captif à Babylone. C'est un aryen, cette fois-ci, et non plus un oriental, Cyrus II (558-528 avant J.-C.), fils de Cambyse, de la famille des Achéménides. Après une fulgurante conquête du Proche-Orient, ce « Charlemagne de l'Antiquité » imposera pour deux siècles une période de paix, au moins pour le minuscule territoire de Juda. En 555 il se présente sous les traits d'un modeste prince d'Ashan, petit territoire situé dans la partie méridionale de l'Iran. Le jeune ambitieux prend les armes contre son suzerain, Astyage, le roi des Mèdes, et le renverse de son trône. Il porte ensuite la guerre en territoire perse et remporte une victoire après l'autre. Finalement, il est à même d'arborer le titre prestigieux de « roi des Mèdes et des Perses ». Se sentant menacés, Nabodine, empereur de Babylone, Crésus, roi de Lydie, et le pharaon Amasis décident de former une coalition pour s'opposer au jeune conquérant dont ils devinent les projets d'hégémonie. Cyrus décide alors d'abattre la Lydie, royaume d'Asie Mineure gouverné par Crésus. Il terrasse Sardes, sa capitale à la richesse légendaire. Son empire, dès lors, s'étend de la Perse jusqu'aux rives de le mer Egée. Puis il étend ses conquêtes vers l'Orient, en direction de l'Inde. Pendant sept ans (546-539), il combattra les peuplades de ces régions (Hircanie, Parthie, Bactrie, Sogdiane). Cyrus a maintenant les mains libres pour pénétrer en Mésopotamie. Au cours de l'été 539, il lance une attaque en direction du sud mésopotamien. Nabonide se rend sur le Tigre pour essayer d'arrêter l'invasion, mais son armée est mise en déroute.

La route de Babylone est libre. Quelques semaines plus tard, il entre triomphalement dans la superbe capitale. Voilà comment Dieu accomplit la prédiction inscrite sur le mur de la salle où Belschatsar festoyait avec les siens. Arrogant, il l'était ; mais pleutre, il l'était encore plus. Il s'attendait sans doute à un châtiment, mais pas à ce qu'il soit aussi rapide. Il mourut avant de pouvoir élever Daniel à la dignité qu'il lui avait promise (v. 29, 30). Darius le Mède, dont nous devrons reparler dans le chapitre suivant, monta sur son trône.

Un sujet de méditation :

Belschatsar est le représentant des grands de ce monde et du pouvoir qu'ils ont l'habitude d'exercer. Trop souvent les royaumes de ce monde sont gouvernés par des hommes qui défient ouvertement Dieu et l'insultent. Ils symbolisent ainsi le désir de l'homme déchu d'être semblable à Dieu et de s'asseoir sur son trône. Tous ne sont pas anéantis aussi subitement que Belschatsar. Mais l'histoire de ce monde révèle parfois de façon évidente le doigt de Dieu à qui sait la méditer et l'analyser à la lumière de l'Ecriture Sainte. La chute spectaculaire d'Hitler et de quelques autres tyrans du même acabit en fournit l'exemple. Dieu est le maître de ce monde, même si tout semble vouloir prouver le contraire, et il sait à l'occasion le démontrer de façon dramatique. Il est le Juge souverain de tous les hommes, particulièrement des grands de ce monde. Il gouverne l'univers qu'il a créé de façon à édifier et sauver son Eglise.

CHAPITRE 6

Daniel dans la fosse aux lions
Dieu protège les siens à l'heure de la persécution

Deux personnages sont au centre de ce chapitre, Darius et Daniel. Qui est ce « Darius le Mède » dont il a déjà été question à la fin du chapitre précédent (Daniel 5. 31) ? C'est une question difficile. En effet, les découvertes archéologiques ne le mentionnent pas. Il ne s'agit en aucune façon de Darius I Hystaspe (521-486 avant J.-C.). Daniel, en effet, ne vivait plus à l'époque de ce roi. D'autre part, ce souverain était perse et non mède. Le Darius de notre texte, au contraire, était « de la race des Mèdes » (Daniel 9.1). Il est dit aussi qu'il « était devenu roi du royaume des Chaldéens » (Daniel 9. 1). Le texte original emploie ce qu'on appelle le passif causatif, dont la traduction littérale est : « Il fut fait roi du royaume des Chaldéens ». Il ne régna donc pas sur l'empire perse, comme le fera Darius Hystaspe, mais sur la province de Babylone. D'autre part il n'était pas l'héritier légitime de ce trône, mais celui-ci lui fut confié : il fut fait roi. Il s'agit sans doute de Gubaru ou Gobryas de Gutium que Cyrus chargea de gouverner Babylone après qu'il l'eut conquise. Il était dans ce cas gouverneur, avec titre de roi, sous l'autorité de l'empereur Cyrus. La traduction de Daniel 5. 3 est incorrecte : il ne s'empara pas du royaume, mais le « reçut ». Son règne dura de 539 à 525 avant J.-C. On pense aussi que « Darius » était un titre honorifique et non un nom propre.

Signalons une analogie de situation entre le chapitre trois (les trois hommes dans la fournaise ardente) et le chapitre six (Daniel dans la fosse aux lions). Mais tandis que Nebucadnetsar ne persécutait pas les Juifs pour leur foi en Dieu, exigeant simplement qu'ils se prosternent devant la statue qu'il avait fait ériger et qui symbolisait sa puissance impériale en même temps que la souveraineté de ses dieux, Darius s'en prend aux Juifs parce qu'ils adorent leur Dieu. Il s'agit de le leur interdire, de leur faire perdre jusqu'à leur identité religieuse. Ceci dit, Darius a été le jouet de ses courtisans et ministres qui, eux, étaient jaloux de Daniel. En cela, Darius fit preuve d'un grand manque de lucidité et de fermeté.

Darius estima bon d'établir sur le royaume de Chaldée, c'est-à-dire de Babylone, 120 satrapes chargés d'en gouverner les différentes provinces, sous l'autorité de trois chefs, dont Daniel. Ceci pour que le roi ne « souffre aucun dommage ». Il s'agissait sans doute entre autres de veiller au prélèvement correct des impôts. Daniel surpassait les autres en savoir et en intelligence (v.3). On se souviendra de son éducation à la cour de Nebucadnetsar (Daniel 1). Soixante ans de service lui avaient permis d'acquérir une longue expérience. Tous ses dons étaient sanctifiés par sa foi en Dieu dont l'esprit l'habitait (v. 3). Le prophète ne fait pas son éloge en écrivant ces lignes mais rend toute gloire à Dieu.

Daniel impressionne Darius, qui songe à le mettre à la tête de son royaume. On comprend donc la jalousie des autres (v.4). Toutes ces informations sont données pour permettre au lecteur de comprendre ce qui va suivre. La jalousie de ses collègues est d'autant plus grande que Daniel est fidèle à son Dieu. On le hait à cause de cela, et Satan sait jouer de cette haine. On cherche un chef d'accusation, mais on ne trouve rien à lui reprocher dans l'exercice de ses fonctions, car il est « fidèle » (v.4). Alors on va chercher dans sa vie personnelle. On a découvert une brèche : on lui tendra un piège dans le domaine de ses convictions religieuses.

« Roi Darius, vis éternellement ! Tous les chefs du royaume, les intendants, les satrapes, les conseillers et les gouverneurs sont d'avis qu'il soit publié… » (v. 6, 7). Mensonge ! Seuls les chefs et les satrapes ont ourdi ce complot (v. 4), mais on y associe frauduleusement les intendants, les conseillers et les gouverneurs, de façon à donner du poids à la requête et simuler une unanimité chez tous les dirigeants du royaume. On veut lui forcer la main. Darius n'osera pas s'opposer à tous ses courtisans. La demande est incroyable. Quiconque « adressera des prières à quelque dieu ou à quelque homme, excepté toi, ô roi, sera jeté dans la fosse aux lions. Maintenant, ô roi, confirme la défense et écris le décret, afin qu'il soit irrévocable, selon la loi des Mèdes et des Perses, qui est immuable » (v. 7, 8). Les rois étaient tenus pour les représentants, voire l'incarnation des dieux. L'Égypte a de tout temps divinisé ses souverains. Rome fera de même. L'idée des nobles de

Babylone n'avait donc rien d'étrange pour Darius. Le décret qu'ils lui proposaient ne faisait qu'officialiser ce que les païens de Babylone croyaient de toute façon. Cf. Daniel 3, où il est demandé aux chefs du royaume de se prosterner devant la statue qui symbolise le pouvoir divin qui s'incarne en Nebucadnetsar. Mais ce qu'il y a d'inouï, c'est qu'on veut faire passer Darius pour l'unique représentant des dieux, le prendre au piège de son orgueil personnel, pour obtenir la chute de Daniel. Les comploteurs se présentent donc comme soucieux de l'honneur de leur souverain. C'est ainsi qu'ils espèrent le convaincre de signer cet édit.

Si le roi est le représentant des dieux, son décret est par définition irrévocable (v. 8) Telle était la conviction des Perses (Cf. Esther 1. 19 ; 8. 8). Les nobles de Babylone comptent bien-sûr sur cette disposition du droit impérial perse pour parvenir à leurs fins.

Darius ne soupçonnant pas le piège, flatté par un tel décret, heureux d'avoir des courtisans aussi attentionnés, rédige et signe l'édit. Daniel réagit ! Il prie à ses heures habituelles, derrière la fenêtre ouverte, en direction de Jérusalem. Il ne songe pas à braver l'ordre de son roi, ni à jouer au héros. Il ne veut pas afficher son mépris pour ses collègues ni vanter sa piété. Tout simplement, il ne veut pas renier son Dieu. Continuer de prier, mais en secret, au fond de son lit, ou à une heure où personne ne l'aurait remarqué, aurait été un reniement. Il prie donc comme à l'accoutumée, dans cette « chambre haute » (v.10) qui était le lieu de prière habituel (Cf. 1 Rois 17,19 ; Actes 1. 13 ; 10. 9), en direction de Jérusalem, la ville de son Dieu où battait son cœur (cf. 1 Rois 8. 33, 35, 38, 44, 48). Trois fois par jour, comme le faisait le psalmiste : « Et moi je crie à Dieu, et l'Éternel me sauvera. Le soir, le matin et à midi, je soupire et je gémis, et il entendra ma voix. » (Psaume 55. 17, 18). La vraie piété n'est pas incompatible avec certaines habitudes de prière. Daniel « loue » Dieu, au milieu du danger (v.10). Dieu est tellement digne de louanges que celles-ci ne doivent jamais manquer, pas même dans l'épreuve. Il loue « son Dieu » (v.10), celui qui a conclu une alliance avec lui et qui l'a racheté.

« Alors ces hommes entrèrent tumultueusement ». Ils sont tellement animés par la jalousie et la haine qu'ils en oublient toute étiquette, voire la politesse la plus élémentaire. Ils ont la preuve que Daniel a transgressé l'édit du roi. Les témoins sont nombreux : Chefs du royaume, intendants, satrapes, conseillers, gouverneurs (v.7). C'est du moins ce qu'ils laissent entendre. Ils ne demandent pas plus que ce qui est légitime, l'application obéissante du décret royal. Ils en rappellent donc le contenu au souverain. On ne peut dire aucun mal de Daniel, mais pour le dénigrer, on rappelle qu'il est Juif, un étranger, le membre d'un peuple vaincu : « Daniel, l'un des captifs de Juda… » (v. 13). Il « n'a tenu aucun compte de toi, ô roi ». On l'accuse donc de se moquer du souverain, ce qui est faux. Daniel est resté parfaitement respectueux ; simplement, il a observé ce qu'on appelle la « clausula Petri » ; il faut obéir à Dieu plutôt qu'aux hommes (Actes 5. 29), parce qu'il ne peut ni ne veut renier son Dieu.

La réaction du roi n'est pas celle qu'attendaient les gens. Darius devine qu'on lui a tendu un piège. Il est « très affligé » (v. 14). La vie de son ministre favori est en danger. « Jusqu'au coucher du soleil, il s'efforça de le sauver ». Il dispose de toute la journée pour trouver une solution. Mais que faire ? Les comploteurs disposent d'une arme invincible : le caractère irrévocable de la loi des Mèdes et des Perses ! (v. 15).

Darius doit s'exécuter. Il est prisonnier de son décret. Le vœu qu'il formule à l'adresse de Daniel montre qu'il est profondément religieux et peiné de devoir châtier le prophète, mais qu'il espère une intervention de son Dieu en sa faveur. Il est vexé d'avoir été berné par ses courtisans et se sait responsable du sort qui frappe ce Juif valeureux, si pieux et si fidèle à ses convictions. « Puisse ton Dieu que tu sers avec persévérance, te délivrer ! » (v.16). Il scelle la pierre qui ferme la fosse aux lions (v.17). A contrecœur, sans doute, parce que ses courtisans le lui ont demandé pour empêcher toute intervention pouvant sauver Daniel. Darius ne peut plus rien faire pour lui.

Le roi passe une mauvaise nuit (v. 18). Il s'interdit les réjouissances habituelles et cherche en vain le sommeil qui le fuit. « Il ne fit point venir de concubine auprès de lui » (v. 18). Peut-être. Mais le mot traduit par concubine est en fait assez difficile à cerner. Il peut exprimer toute forme de distraction, depuis la nourriture jusqu'aux concubines, en passant par les instruments de musique. On remarquera une différence entre Darius et les autres souverains orientaux dont il a été question jusqu'à présent, par exemple Belschatsar. Il a une conscience qui sait encore parler, fait preuve de sentiments humains qui l'honorent. Il ne se vautre pas comme eux dans le péché et le mal sans le moindre regret. Un bon point pour lui ! Il y a encore chez cet homme une certaine « justice civile ».

De très bonne heure, le matin, Darius se rendit à la fosse aux lions (v. 19). Il est animé d'un secret espoir, un espoir impossible et irrationnel. Qui sait si le Dieu des Juifs n'est pas venu secourir son fidèle serviteur ? « Daniel, serviteur du Dieu vivant, ton Dieu que tu sers avec persévérance a-t-il pu te délivrer des lions ? » (v. 20). Il parle d'une « voix triste ». Mais miracle, Daniel est là, vivant ! Il lui raconte que Dieu a envoyé son ange. Les anges « ne sont-ils pas des esprits au service de Dieu, envoyés pour exercer un ministère en faveur de ceux qui doivent hériter du salut ? » (Hébreux 1. 14). Sans doute ni Daniel ni les lions n'ont-ils vu cet ange. Mais il était là. La preuve ? Les lions ne lui ont fait aucun mal. Comment expliquer la chose autrement ?

Dieu a certainement sauvé Daniel au nom de sa miséricorde, mais aussi, et c'est ce qu'il fallait prouver en cette circonstance, parce que Daniel était innocent. Le Seigneur ne serait pas intervenu dans le cas contraire. Le prophète formule aussi un reproche : « Devant toi non plus, ô roi, je n'ai rien fait de mauvais » (v. 22). Darius le savait, pourtant il avait permis qu'il soit exposé au danger et qu'il risque la mort.

Le roi encaisse le reproche. Il est heureux. Les exigences de la loi des Mèdes et des Perses sont satisfaites. Il va faire preuve maintenant d'une grande autorité et prendre les décisions qu'il aurait peut-être dû prendre dès le début. (v.23). Quant à Daniel, il n'a pas la moindre blessure. Il avait fait preuve d'une très grande foi et ne fut pas déçu dans son espérance. Les courtisans, eux, sont traités en véritables criminels. Ils sont jetés dans la fosse aux lions avec leurs femmes et leurs enfants. La loi de Moïse était moins dure et plus équitable. Elle prescrivait : « On ne fera pas mourir les pères pour les enfants, et l'on ne fera pas mourir les enfants pour les pères. On fera mourir chacun pour son péché » (Deutéronome 24. 16). C'est un exemple de justice à l'orientale. Les lions se précipitent sur les misérables (v. 24). Ce n'est donc pas pour ne pas avoir faim qu'ils avaient épargné Daniel.

« Après cela, le roi Darius écrivit à tous les peuples, à toutes les nations, aux hommes de toutes langues qui habitaient sur toute la terre » (v. 25). Il faut traduire : « dans tout le pays », c'est-à-dire le royaume de Babylone. Il se peut que Daniel ait aidé Darius à rédiger son nouveau décret dont les termes sont très bibliques (v. 26, 27). Le souverain rend hommage au Dieu des Juifs. Ceci dit, le décret n'exige pas plus des habitants de son royaume que le respect pour le Dieu de Daniel dont on avait fait jusqu'à présent une divinité de second rang, vaincue par les dieux de Babylone. Darius l'appelle le Dieu vivant, ce qui ne signifie pas qu'il soit pour lui le seul Dieu vivant. Il confesse sa puissance. Le Seigneur venait de la démontrer avec éclat. Même les païens devaient l'admettre.

Daniel avait été si fidèle et un si bon gouverneur qu'il resta au service de Darius, puis de Cyrus, lorsqu'après la mort de Darius, celui-ci prit lui-même en mains le gouvernement de la province de Babylone. La mission à laquelle Dieu avait appelé le prophète n'était pas achevée. Daniel l'affirme, mais de façon brève et avec modestie : « Daniel prospéra sous le règne de Darius et sous le règne de Cyrus, le Perse » (v. 28). On sait le rôle capital qu'il joua sous le règne de Cyrus, le libérateur des Juifs.

Un sujet de méditation :

Les trois hommes dans la fournaise avaient été simplement victimes d'un monarque capricieux (Daniel 3), bien que Satan se soit servi de son caprice pour tenter de faire son œuvre. Daniel, lui, subit un véritable complot, qui trahit beaucoup de jalousie et de méchanceté.

La leçon de ce texte est double : le croyant ne doit jamais chercher à échapper à l'obligation qui est la sienne de confesser sa foi en Dieu, quelle qu'en soient les conséquences. Ne le renions-nous pas souvent, alors que nous devrions lui rendre un témoignage courageux et clair ? Et pourtant, qui nous jetterait dans une fosse aux lions ? Mais c'est peut-être justement parce que nous ne courons pas de vrai danger dans notre pays à être fidèles à Dieu, que notre foi est souvent si tiède !

Un croyant peut toujours compter sur son Dieu. Il a la certitude que son Père céleste peut toujours agir, même dans les situations les plus désespérées et les plus urgentes. Si nous lui demandions davantage de nous le prouver, sans douter de lui ? Peut-être nous accorderait-il plus souvent la grâce de le constater. Nous en sortirions plus forts dans la foi.

CHAPITRE 7

Les quatre animaux : le lion, l'ours, le léopard et le …. ?
Les royaumes de ce monde, le Fils de l'homme et l'Antichrist

Voici une nouvelle vision dont le thème est le même que celui du chapitre deux. Quatre monarques sont symbolisés cette fois-ci par des animaux, des animaux fabuleux, et opposés au royaume que Dieu lui-même va fonder sur cette terre. C'est une vision qui, comme toutes les suivantes, fut accordée à Daniel lui-même. Nous entrons dans la deuxième partie de notre livre, qui nous présente Daniel comme le visionnaire du royaume de Dieu.

Les nations païennes sont souvent représentées sous les traits d'animaux. C'est ainsi que l'Égypte est assimilée à un crocodile (Ezéchiel 29. 3 ; 32. 2) ou à un monstre marin (Esaïe 51. 9), et Babylone au léviathan, « serpent fuyard » et « tortueux » (Esaïe 27. 1). Est-ce pour la Bible une façon d'affirmer que c'est en Dieu que l'homme accède à la vraie humanité, qu'il devient véritablement homme, que sans lui il sombre dans la bestialité ? Qu'on se souvienne du jugement qui frappe Nebucadnetsar et de l'exhortation que lui adressa Daniel : « Mets un terme à tes péchés en pratiquant la justice, et à tes iniquités en usant de compassion envers les malheureux, et ton bonheur pourra se prolonger. (Daniel 4. 27). Livré à lui-même, à son orgueil et ses instincts, l'homme sombre rapidement au niveau de la bête.

La symbolique des animaux de Daniel est d'inspiration babylonienne, comme l'ont montré les découvertes archéologiques. Cf. en particulier le lion aux ailes d'aigle (Daniel 7. 4), emblème de l'empire babylonien. Ceci n'enlève rien au caractère révélé de cette vision, et donc à son origine divine. Nous verrons défiler un lion, un ours, un léopard, puis un animal tellement terrifiant qu'il ne ressemble à aucun des animaux de la création. C'est à de tels fauves qu'est livré Israël, le peuple de Dieu (cf. Osée 13. 7, 8 ; Jérémie 2. 15 ; 4. 7 ; 5. 6). L'accent portera sur la quatrième monarchie qui fera l'objet d'une description détaillée. Ainsi sont fournis des détails qui ne figurent pas dans la vision de Daniel 2. Quatre monarchies sont identifiées par quatre fauves. La vision signale donc ce qu'elles ont de cruel, de violent et de bestial. Dans Daniel 2 l'accent portait sur l'aspect extérieur de ces royaumes symbolisé par les différents métaux dont était faite la statue qui apparut à Nebucadnetsar, tandis que Daniel 7 décrit leurs caractéristiques intérieures.

Quatre animaux se succèdent dans la vision. Le dernier portera sur la tête une corne qui prendra des proportions telles qu'elle dominera la scène. Avant que la vision ne soit interprétée, un jugement sera prononcé sur ces quatre animaux, en particulier sur le quatrième, porteur d'une corne. Alors apparaîtra une nouvelle puissance, le royaume de celui que la vision appelle « le Fils de l'homme », un royaume universel et éternel. Arrivé à ce point, Daniel sollicitera une interprétation. Il posera quelques questions pour avoir des détails au sujet du 4° animal. Il lui sera dit que la corne persécutera les saints de Dieu. Mais la victoire finale sera accordée au Royaume dont feront partie les saints de Dieu. La vision tout entière annonce donc la destruction des puissances du mal et la victoire finale de Dieu et de son Royaume.

Les quatre animaux (Versets 1-10)

« La première année de Belschatsar, roi de Babylone… » (v.1). Nous sommes donc probablement en l'an 553 avant J.-C. La chute de l'empire aura lieu en 539, comme l'annonce la vision de Daniel. Le prophète eut « un songe et des visions ». Selon une formule de rhétorique employée dans le texte original, « un songe sous forme de visions ». Il vit une « grande mer ». C'est l'image des nations hostiles à Dieu et à son peuple. Esaïe 8. 7 ss compare le roi d'Assyrie et toute sa gloire aux « puissantes et grandes eaux du fleuve ». L'Égypte est dite s'avancer « comme le Nil » ; « ses eaux sont agitées comme les torrents ». (Jérémie 47. 7, 9). Dans Apocalypse 17, nous avons une image semblable : une « prostituée assise sur les grandes eaux », et il est dit : « Les eaux que tu as vues, sur lesquelles la prostituée est assise, ce sont des peuples, des foules, des nations et des langues » (Apocalypse 17. 1-15). Les peuples de ce monde, non soumis au Christ, sont agités comme une mer en furie. Ce monde tourmenté est à l'origine de puissances et de royaumes qui apparaissent sur la scène de l'histoire. Ce sont les animaux qui surgissent de la mer.

Quatre est un chiffre symbolique qui représente le monde, tandis que sept est le chiffre divin. Les quatre animaux symbolisent quatre empires, qui, eux, représentent tous les royaumes de ce monde. Ils sont tous différents les uns des autres. Chacun a ses traits propres. Babylone se distingue par son éclat et sa magnificence. La Perse par la volupté, la Grèce par sa civilisation, et Rome par ses conquêtes victorieuses. Il y a sans doute une certaine grandeur dans ces empires, mais aussi quelque chose de profondément bestial dans leurs relations les uns avec les autres. Dès qu'un tel empire revendique l'hégémonie mondiale, il perd ses traits humains et devient un fauve.

Les quatre animaux correspondent aux 4 parties du songe de Nebucadnetsar (Daniel 2). Comme elles, ils représentent Babylone, la Perse, la Grèce et Rome. Les critiques, bien sûr, identifient dans le 2° animal l'empire mède, dans le 3° l'empire perse, et donc dans le 4° l'empire grec, l'auteur ayant vécu selon eux au 2° siècle avant J.-C. Pourquoi une telle hypothèse ? Parce que la prophétie n'existe pas. Un homme ne peut pas prédire l'avenir. Pour pouvoir parler de l'empire romain, il faudrait que l'auteur du livre ait vécu au 1° siècle avant J.-C., pour ne pas dire beaucoup plus tard. Or la preuve historique est faite que Daniel a vécu avant cela, puisque son livre a été traduit avec tous les autres livres de l'A.T. par les Septante au 3° ou 2° siècle avant J.-C. !

« Le premier animal était semblable à un lion et avait des ailes d'aigle. Je regardai, jusqu'au moment où ses ailes furent arrachées. Il fut enlevé de la terre et mis debout sur ses pieds, comme un homme, et un cœur d'homme lui fut donné » (v.4) C'est le symbole de l'empire babylonien. Lion et aigle : les rois du monde animal, des quadrupèdes et des oiseaux. L'empire babylonien avait la puissance d'un lion, mais aussi la rapidité d'extension et de conquêtes de l'aigle. Cf. pour le lion Jérémie 49.19 ; 50.17, 44, et pour l'aigle Jérémie 48. 40 ; 49. 22 ; Ezéchiel 17. 3, 12.

Daniel fut fasciné par la vision : « Je regardai ». Le lion, en effet, fut privé de ses ailes, se comporta comme un homme et reçut un cœur humain. Sans doute une allusion à la vision de Daniel 4, où Nebucadnetsar, frappé de folie, (lycanthropie)[1] pour s'être glorifié, redevint un homme quand il s'humilia devant Dieu.

« Voici, un second animal était semblable à un ours et se tenait sur un côté. Il avait trois côtes dans la gueule, entre les dents, et on lui disait : Lève-toi, mange beaucoup de chair » (v. 5) Dans la hiérarchie de la férocité, l'ours vient après le lion. Il est souvent mentionné dans la Bible : « Vous serez comme un homme qui fuit devant un lion et que rencontre un ours » (Amos 5. 19 ; Cf. encore Osée 13. 8 ; Proverbes 28. 15 ; 1 Samuel 17. 34 ss). L'ours de la vision symbolise l'empire médo-perse. Cf. l'aperçu historique donné ci-dessus, chapitre 2. L'ours « se tenait sur un côté ». Le sens précis de l'expression est difficile à établir. L'animal était peut-être plus puissant d'un côté que de l'autre. Dans ce cas-là, allusion est faite à la prédominance des Perses sur les Mèdes au sein de cet empire. « Il avait trois côtes dans la gueule, entre les dents, et on lui disait : Lève-toi, mange beaucoup de chair ». C'est une évocation de la voracité de l'empire, des grandes conquêtes qui marquèrent son avènement : Lydie, Babylonie, Égypte.

« Après cela, je regardai, et voici un autre était semblable à un léopard et avait sur le dos quatre ailes comme un oiseau ; cet animal avait quatre têtes, et la domination lui fut donnée » (v.6). Inférieur en force au lion et à l'ours, le léopard leur est égal en férocité et supérieur en agilité et en ruse. Cf. Osée 13. 7 ; Habaccuc 1.

---

[1] Plutôt boanthropie. Cf. le récit page 24

8 ; Jérémie 5. 6 ; Apocalypse 13. 2. L'accent est mis sur la rapidité et sur l'agilité. Le fauve a quatre ailes et non deux comme le lion. Il est deux fois plus rapide que ce dernier. Ainsi est représenté le conquérant Alexandre le Grand, ce jeune Macédonien de 22 ans qui part à la conquête du monde et se trouve en quelques années à la tête d'un immense empire s'étendant de l'Égypte aux portes de l'Inde. Cf. l'aperçu historique donné dans le chapitre 2. Le léopard a quatre têtes. Il peut donc simultanément regarder dans les quatre directions. C'est peut-être aussi une allusion à ce qui se passa à la mort d'Alexandre. En effet, quand il mourut subitement à Babylone en 323 avant J.-C., à l'âge de 33 ans, se posa la question de la succession. Ses généraux, au nombre de sept, firent mine de réserver son empire à son jeune fils. Mais ils se débarrassèrent de tous les membres de sa famille et se partagèrent son empire. Quatre de ces sept généraux fondèrent des dynasties : Ptolémée en Égypte, Séleucus en Babylonie, Cassandre en Macédoine et Lisymaque en Thrace. La Judée fut annexée à l'Égypte par Ptolémée 1° et le resta de 320 à 203 avant J.-C., date de son annexion au royaume syrien d'Antiochus le Grand. Désormais les Juifs seront intimement et contre leur gré mêlés aux incessantes rivalités qui opposeront les Ptolémées aux Séleucides. Nous aurons l'occasion d'y revenir.

Voici enfin un quatrième animal, fabuleux, étrange, différent des précédents et impossible à identifier à un animal existant. Il était « terrible, épouvantable et extraordinairement fort. Il avait de grandes dents de fer, il mangeait, brisait, et il foulait aux pieds ce qui restait. Il était différent de tous les animaux précédents, et il avait dix cornes » (v.7). Ce qui le caractérise, c'était une férocité sans pareille et une force extraordinaire. Dans l'histoire des nations de l'Antiquité, ce ne pouvait être que l'empire romain. En aucun cas la Syrie des Séleucides, comme le veulent les critiques. Il avait dix cornes. Or on ne connaît que sept souverains du royaume de Syrie, royaume qui, si on voulait le comparer à un animal, serait tout au plus semblable à un loup ou à un renard, malgré les sanglantes persécutions qu'il déclencha. Cet animal terrible avait de « grandes dents de fer ». Il mangeait et dévorait et foulait le reste aux pieds. C'est ainsi que les légions romaines brisaient tout sur leur passage. Tout rival qui refusait de se soumettre était anéanti. « Carthago delenda est », disait-on. Carthage doit être supprimée ! On notera la description détaillée dont ce 4° animal fait l'objet. Nous aurons à y revenir dans la suite de ce chapitre. Signalons pour l'instant que les 10 cornes représentent 10 royaumes.

Une onzième « petite corne » se fraye une place et fait tomber 3 des 10 cornes précédentes. Trois est sans doute un chiffre symbolique, comme les trois côtes que l'ours tenait dans sa gueule. Cette 11° corne à des yeux et une bouche. Elle symbolise donc un homme (Cf. v. 24, 25). Les yeux sont ceux de la connaissance, du savoir et de la culture. « Vos yeux s'ouvriront, et vous serez comme Dieu, connaissant le bien et le mal ». (Genèse 3. 5). Quant à la bouche, elle proférera des paroles arrogantes (Cf. v. 25). L'accent est mis sur l'impiété du pouvoir ou de la personne représentée par cette corne. Nous renvoyons le lecteur pour de plus amples détails à la fin de ce chapitre.

Le jugement de l'Ancien des jours (verset 9-12)

Une nouvelle scène se déroule devant les yeux de Daniel. Des trônes sont mis en place. Le président de la cour (en effet, nous allons assister à un jugement), « l'Ancien des jours », fait son apparition, entouré des autres « Juges ». Il s'appelle l'Ancien des jours (v. 9). Dieu, le juge suprême, est éternel et immuable. Il est le témoin permanent des actes des hommes et des agissements des royaumes de ce monde. Le titre correspond à « l'Éternel ».

« Son vêtement était blanc comme la neige, et les cheveux de sa tête étaient comme de la laine pure. Son trône était comme des flammes de feu, et les roues comme un feu ardent » (v. 9). C'est une représentation de la sainteté de Dieu. Le monde impie a affaire à un juge pur et saint qui le jugera selon la justice. Son trône est fait de flammes de feu, symbole de la majesté et de la gloire d'un Dieu souverainement élevé. Cf. l'épisode du buisson ardent (Exode 3. 2). Il est le bienheureux et le seul souverain, le Roi des rois et le Seigneur des seigneurs, qui seul possède l'immortalité, qui habite une lumière inaccessible, que nul homme n'a vu ni ne peut voir, à qui appartiennent l'honneur et la puissance éternelle (1 Timothée 6. 15, 16).

« Mille milliers le servaient et dix mille millions se tenaient en sa présence » (v. 10). Ce sont les armées des anges. Les hommes ne seront évoqués qu'au v. 14. La session commence. Les livres sont ouverts (Cf. Apocalypse 20. 12). Il s'agit des dossiers de ceux qui seront jugés, qu'il ne faut pas confondre avec le livre dans lequel sont inscrits les noms des rachetés (Exode 32. 32 ; Psaume 69. 28 ; 139. 16). Le jugement est prononcé sur le 4° animal, « à cause des paroles arrogantes que prononçait la corne » (v. 12). Il fut tué, son corps fut détruit et livré au feu pour être brûlé. Le sort des trois animaux précédents n'est pas le même. Ils furent « dépouillés de leur puissance », mais bénéficièrent d'un sursis (v. 12).

Le Fils de l'homme reçoit la domination (v. 13, 14)

Nous arrivons maintenant à l'apogée de la vision de Daniel. Une figure émerge, pleine de gloire. Les quatre animaux vaincus provenaient d'en bas. Ils étaient sortis « de la mer » (v. 2). Le Fils de l'homme vient sur les « nuées du ciel » (v. 13). Il est d'en haut, d'origine céleste. Les nuées symbolisent en effet la présence de Dieu (Exode 13. 21 ss ; 19. 9 ss ; 1 Rois 8. 10 ss ; Esaïe 9. 1 ss ; Jérémie 4. 13 etc). On se souviendra de la description du Christ dans l'Apocalypse : « Voici, il vient avec les nuées, et tout œil le verra » (Apocalypse 1. 7). Il affirme lui-même que les nations « verront le Fils de l'homme venant sur les nuées du ciel avec puissance et une grande gloire » (Matthieu 24. 30). Il ne fait aucun doute que Jésus songeait à notre texte de Daniel en s'exprimant ainsi.

Le Fils de l'homme surgit après les quatre animaux. Il a lui aussi un royaume, mais d'une nature fondamentalement différente, comme lui-même en tant que Fils de l'homme est fondamentalement différent des animaux. Le Messie n'est pas simplement Fils de David, mais Fils de l'homme, Sauveur de tous les hommes. Il n'est pas seulement le Roi d'Israël, mais le Roi des rois, le Seigneur de l'univers. Notre texte souligne, tout comme la première promesse de salut faite aux hommes (Genèse 3. 15), l'universalité de la mission du Christ. Il aura raison des royaumes de ce monde, comme la postérité de la femme aura raison du péché et du mal universel, en écrasant la tête du serpent.

Les quatre animaux de la vision symbolisent la Babylonie, la Perse, la Grèce et Rome et, par delà, toutes les puissances de ce monde. La petite corne qui pousse sur la tête du quatrième représente l'Antichrist dont nous aurons encore à parler. Nous trouvons une évocation semblable dans l'Apocalypse. Une bête à sept têtes et dix cornes sort de la mer. Elle tient à la fois du léopard, de l'ours et du lion (on remarquera la similitude avec la vision de Daniel). Le dragon lui donne la puissance, son trône et une grande autorité. Elle aussi profère des paroles arrogantes et des blasphèmes et persécute les saints de Dieu (Apocalypse 12). Ainsi donc, derrière l'animal qui agit dans l'Antichrist se situe Satan, tandis que derrière le Fils de l'homme est Dieu. Satan avait pris une forme animale dans le jardin d'Eden pour séduire les hommes. Dieu prendra forme humaine dans le Fils de l'homme pour les sauver et fonder le Royaume céleste qui triomphera des royaumes de ce monde.

« On lui donne la domination, la gloire et le règne, et tous les peuples, les nations et les hommes de toutes langues le serviront. Sa domination est une domination éternelle qui ne passera point, et son règne ne sera jamais détruit » (v.14). Il s'agit bien du Messie, de celui que Dieu oint et envoie dans le monde pour fonder son règne de grâce. C'est pourquoi le titre de « Fils de l'homme » est le titre de prédilection de Jésus dans le Nouveau Testament. Il l'emploie plus de 70 fois. Il est « semblable à un Fils de l'homme ». Il est fils de l'homme, donc vrai homme, mais en même temps plus qu'un simple homme. Ne vient-il pas sur la nuée des cieux, en envoyé de Dieu et vrai Dieu lui-même, comme l'annonçaient déjà les prophètes et comme le N.T. l'atteste abondamment ? D'ailleurs Jésus utilise toujours ce titre quand il parle de son avènement glorieux pour le jugement (Matthieu 16. 27, 28 ; 19. 25 ; 24. 30 ; 25. 31). Il exprime donc à la fois son humanité et sa divinité, son humiliation et sa glorification.

Le Christ reçoit « la domination, la gloire et le règne ». On songe à la doxologie du Notre Père : « Car c'est à toi qu'appartiennent le règne, la puissance et la gloire aux siècles des siècles ». Sa domination est une domination « éternelle qui ne passera point, et son règne ne sera jamais détruit » (v. 14). De qui pourrait-il bien être question dans ce texte, si ce n'est du Messie, du Fils de l'homme que l'Ancien des jours a intronisé ? Comment les critiques peuvent-ils prétendre qu'il n'y a pas de prophétie, de prédiction de l'avenir ? C'est quoi, cela, alors ?

Sa domination sera universelle. Il règnera sur les peuples, les nations et les hommes de toutes langues. Le règne des puissants de ce monde n'est qu'une piètre et triste caricature du sien. Sa gloire est éternelle. Il est l'Agneau immolé qui est digne de recevoir la gloire (Apocalypse 5. 9, 13) pour avoir accompli la plus belle œuvre qui soit, l'œuvre du salut. Les foules nombreuses qui le servent sont les rachetés, à l'exclusion des impies qui ont été supprimés par le jugement qui a frappé les 4 bêtes.

Pourquoi la vision de l'histoire de ce monde et de ses royaumes s'arrête-t-elle au 4° animal, symbole de l'empire romain, alors que ce monde existe encore 20 siècles après l'avènement de Rome ? Peut-être parce que toutes les puissances postérieures aux empires symbolisés par les 4 animaux ne sont que leur réincarnation. Voici encore une autre explication possible : Les prophètes de l'A.T. ne tiennent pas compte de l'intervalle qui sépare la première venue du Christ de son retour en gloire. C'est une période de l'histoire de ce monde qu'ils ne décrivent pas. Daniel en particulier en réserve la description à celui qui sera l'auteur de l'Apocalypse. Les prophètes se contentent de déclarer que les nations païennes se tourneront vers Jérusalem d'où leur viendra le salut, mais ce qui se passe dans le monde même, après l'ascension du Christ, ne les intéresse pas. Ils catapultent en une seule scène le jugement de Jérusalem et celui du monde, ce qui explique que dans Matthieu 24 Jésus doit montrer aux disciples que le jugement du monde ne suivra pas immédiatement celui de Jérusalem, mais que l'Evangile devra encore être prêché à toutes les nations.

L'interprétation de la vision (Versets 15-18)

Pour l'instant, Daniel n'a fait que raconter ce qu'il a vu. Il en est profondément troublé. Il sait qu'il s'agit d'une révélation de l'avenir et qu'elle est capitale. Quel croyant ne se sentirait pas concerné par l'avenir du monde et du peuple de Dieu ? Le prophète va donc interroger l'un des acteurs de la scène. Sans doute s'adresse-t-il à l'un des innombrables anges présents (v. 15, 16). Il lui est dit que les animaux représentent des rois (v.17) mais en même temps les royaumes gouvernés par ces souverains (v.23). Ces royaumes sont éphémères, mais celui dont font partie les saints de Dieu demeure éternellement. « Les saints du Très-Haut recevront le Royaume, et ils posséderont le Royaume éternellement, d'éternité en éternité » (v. 18). Personne ne les remarque, mais le Seigneur les connaît. Ils sont « saints », car séparés du monde ; ils n'ont pas participé aux aspirations périssables des puissances de ce monde, car leur trésor était ailleurs. Ils constituent le peuple de Dieu, composé de Juifs et de païens croyants, l'Israël de Dieu. Rien ne viendra mettre fin au règne et au salut éternels qui leur sont offerts.

« Ensuite je désirai savoir la vérité sur le quatrième animal » (v. 19). Ce dernier l'avait intrigué et impressionné ; son sort l'intéressait. Daniel en reprend donc la description, semblable à celle donnée précédemment (v. 19 ss ; Cf. v. 7, 8). Le v. 21 apporte cependant une précision : la corne fait la guerre aux saints. Elle utilise son intelligence et sa lucidité (les yeux de la corne) pour les persécuter et « l'emporter sur eux ». Et Dieu tolère cela ! Que de croyants qui ont péri à cause de leur foi ! Bien souvent le monde paraissait avoir raison de l'Eglise. Mais la victoire finale appartient à Dieu, et il la donne à ses saints : « L'Ancien des jours vint donner droit aux saints du Très-Haut, et le temps arriva où les saints furent en possession du Royaume » (v. 22).

Daniel voulait des explications au sujet du 4° animal. Les voici : « Les dix cornes ce sont les dix rois qui s'élèveront de ce royaume ». (v. 24) Elles ne poussent pas les unes après les autres, mais sont là simultanément, sur le front de la bête. Le 4° animal préfigure l'empire romain. Ces dix cornes signifient les royaumes issus de cet empire entre sa chute et la fin du monde. 10 est un chiffre symbolique. Historiquement, on peut dire d'une certaine façon que tous les royaumes qui se font et se défont depuis le début de l'ère chrétienne sont issus de l'empire romain. La corne qui vient s'ajouter aux dix qui sont déjà là est l'Antichrist du Nouveau Testament dans toutes ses manifestations historiques, y compris comme l'affirmaient les Réformateurs, la papauté. Si nous disons l'Antichrist du Nouveau Testament, c'est qu'il était précédé sous l'ancienne alliance d'un Antichrist dont il sera encore question dans le livre de Daniel et qui le préfigurait dans ses agissements.

L'Antichrist profère des paroles arrogantes contre le Très-Haut (v. 25). Il veut s'élever à son niveau et usurper sa puissance. Mais il s'en prend aussi aux saints du Très-Haut. Il ne peut tolérer leur existence et le bonheur que leur offre Dieu, et fait donc tout pour les supprimer. S'il n'y parvient pas par ses tentations, il le fait par la persécution ouverte. « Il espérera changer les temps et la loi » (v. 25). Les révolutionnaires de 1789 en France qui se sont efforcés de remplacer la semaine de 7 jours instituée par Dieu par une semaine de 10 jours, et qui ne cachaient pas leur opposition au christianisme (Cf. le culte de la raison), la révolution marxiste et toutes les idéologies qui s'en prennent aux institutions de Dieu (propriété privée, mariage, sexualité, avortement, etc) sont tous issus de l'Antichrist. Il est fondamentalement hostile à Dieu et à sa volonté et se manifeste de bien des façons à chaque époque de l'humanité. Mais la victoire finale qu'il semble être sur le point de remporter appartient à Dieu.

« Les saints seront livrés entre ses mains pendant un temps, des temps et la moitié d'un temps » (v.25). Soit 3 temps et demi. On trouve la même indication dans un contexte semblable dans Apocalypse 12. 14. Le texte ne parle pas d'années, mais de temps. La durée est indéterminée. 1 temps : c'est au départ, un succès modeste. 2 temps : le succès devient manifeste et se généralise. Un demi temps : la chute vient rapidement. D'autre part, 3 et un demi est la moitié de sept, chiffre divin. C'est donc un chiffre qui ne parvient pas à celui de Dieu et qui représente de ce fait, par opposition aux œuvres divines (par exemple 7 jours de la création), les entreprises humaines, et plus précisément les puissances maléfiques et mauvaises de ce monde.

Le pouvoir de l'Antichrist est limité dans le temps. Le jugement viendra et « on lui ôtera sa domination, qui sera détruite et anéantie pour jamais » (v. 26). Avec lui passeront « tous les royaumes qui sont sous les cieux » (v. 26). Leur règne, leur domination et leur grandeur « seront donnés au peuple des saints du Très-Haut », et ils règneront éternellement.

« Ici finiront les paroles » (v. 28). Il ne fut dit rien de plus à Daniel. Alors qu'il avait été « troublé » avant l'explication de l'ange (v. 15), il est maintenant « extrêmement troublé », stupéfait par la révélation qu'il vient de recevoir. La révélation de l'avenir a toujours quelque chose de troublant. L'homme n'est jamais aussi tranquille que lorsqu'il ne connaît pas l'avenir de ce monde. Cet avenir, fut-il dit à Daniel, était à la fois terrible et consolant. Les saints de Dieu ont une immense espérance, mais ils connaîtront aussi bien des tribulations.

Un sujet de méditation :

Les puissants empires que fondent les hommes périront tous. Mais Dieu établit dans ce monde, au milieu de ces empires et contre eux, un Royaume universel et éternel. Ses saints, tous ceux qui lui appartiennent par la repentance et la foi et qui le servent d'un cœur sincère et avec fidélité, auront part à sa royauté, sa domination et sa grandeur.

Ils sont appelés à endurer bien des épreuves, car Satan est à l'action dans les puissances de ce monde. Mais la victoire finale leur appartient. Dieu tient en laisse les royaumes de ce monde et l'Antichrist. Il gouverne l'univers de façon à accomplir son dessein et conduire son peuple à la victoire et la gloire éternelles. Seul le croyant peut être optimiste en pensant à l'avenir, car lui seul a une telle espérance dans le cœur.

DANIEL 7 ET APOCALYPSE 13

L'Apocalypse de Jean est pour le N.T. ce que Daniel est pour l'A.T. Les deux livres servent de chandelier pour les périodes de l'histoire du peuple de Dieu qui n'ont pas fait l'objet de révélations bibliques, en particulier pour les périodes où ce peuple serait aux mains des nations païennes. Il n'y a donc rien d'étonnant à ce que l'Apocalypse de Jean reprenne des thèmes développés par Daniel et recoure à des visions semblables. C'est vrai en particulier pour la description de la fin des temps et de l'activité de l'Antichrist. Les analogies entre Daniel 7 et l'Apocalypse 13 sont évidentes.

Il était question dans Daniel 7 de quatre bêtes sorties de la mer. (Daniel 7. 3). La bête d'Apocalypse 13 monte elle aussi de la mer (v.1). Trois des quatre bêtes de Daniel étaient successivement un lion, un ours et un léopard. La bête de l'Apocalypse « était semblable à un léopard. Ses pieds étaient comme ceux d'un ours, et sa gueule comme une gueule de lion » (v. 2). La 4° bête de Daniel n'est pas évoquée dans l'Apocalypse. Par contre, l'animal de l'Apocalypse a sept têtes et dix cornes. Ces dernières évoquent évidemment les dix cornet de la 4° bête de Daniel. Quatre animaux différents chez Daniel, un seul dans l'Apocalypse, mais aux traits identiques !

« Je vis l'une de ces têtes comme blessée à mort ; mais sa blessure mortelle fut guérie. Remplie d'admiration, la terre entière suivit la bête. Et ils adorèrent le dragon, parce qu'il avait donné l'autorité à la bête. Ils adorèrent la bête, en disant : Qui est semblable à la bête et qui peut combattre contre elle ? » (v. 3, 4). N'est-ce pas ce qu'évoque la vision de Daniel 7, quand il est dit que le quatrième animal, symbole de l'empire romain d'où est issu l'Antichrist, était « terrible, épouvantable et extraordinairement fort » ? (Daniel 7. 7).

Puis il est dit de la bête de l'Apocalypse : « Il lui fut donné une bouche qui proférait des paroles arrogantes et des blasphèmes… Et elle ouvrit sa bouche pour proférer des blasphèmes contre Dieu, pour blasphémer son nom, son tabernacle et ceux qui habitent dans le ciel » (v. 6,7). Il en avait été de même de la petite corne qui était venue s'ajouter aux dix cornes existantes, sur la tête du 4° animal de Daniel 7 : « Elle avait des yeux comme des yeux d'homme et une bouche qui parlait avec arrogance ». Cette petite corne symbolisait l'Antichrist : « Il prononcera des paroles contre le Très-Haut ».

Mais ce n'est pas tout. Il fut donné à la bête de l'Apocalypse, figure de l'Antichrist, « de faire la guerre aux saints et de les vaincre » (v.7). Il en va de même pour l'Antichrist tel qu'il est décrit dans Daniel : « Il opprimera les saints du Très-Haut » (Daniel 7. 25).

Mais la vision de l'Apocalypse a ceci de plus que celle de Daniel : c'est qu'elle fait entrer Satan en scène. Apocalypse 12 le présente sous les traits d'un « grand dragon rouge feu, ayant sept têtes et dix cornes, et sur ses têtes sept diadèmes » (Apocalypse 12. 3). Dans le chapitre 13 de l'Apocalypse, l'animal aux sept têtes et dix cornes n'a rien de commun avec un dragon. Il ressemble à la fois au léopard, à l'ours et au lion. Et cependant il a autant de têtes et de cornes que le dragon, et il est précisé que « le dragon lui donne sa puissance, son trône et une grande autorité ». (Apocalypse 13. 2). En d'autres termes, le dragon s'identifie à lui. Satan se sert de l'Antichrist pour faire son œuvre, pour blasphémer contre Dieu, séduire les hommes et persécuter les chrétiens. Il est le prince de ce monde (Cf. Jean 12. 31 ; 14. 30 ; 16. 11 ; 1 Jean 5. 19 ; Luc 4. 6) qui agit par les puissances de ce monde, et plus particulièrement l'Antichrist.

L'animal de l'Apocalypse a 7 têtes. Nous avons déjà vu que 7 était le chiffre divin. Cf. les sept esprits de Dieu dans Apocalypse 4. 5 ; 5. 6, et les lettres aux sept Eglises d'Asie Mineure dans Apocalypse 2 et 3. L'Antichrist, nous dit Paul, s'élèvera au-dessus de tout de qu'on appelle Dieu et se proclamera lui-même Dieu (2

Thessaloniciens 2. 4). Satan est le singe de Dieu. La bête, l'Antichrist, est une image du diable dont elle a les traits, et en même temps elle imite Dieu et revendique l'adoration qui revient à Dieu seul. « Tous les habitants de la terre l'adoreront, ceux dont le nom n'a pas été écrit dans le livre de vie de l'Agneau qui a été immolé dès la fondation du monde » (Apocalypse 13. 8).

Dans ce même chapitre de l'Apocalypse, on voit surgir après l'Antichrist un deuxième animal. Il vient, lui, de la terre. Il porte deux cornes semblables à celles d'un agneau, et en même temps il parle comme un dragon (Apocalypse 13. 11). Encore un singe de Dieu et un suppôt de Satan ! il exerce toute l'autorité de la première bête qu'il veut voir adorée par les hommes. Pour ce faire, il séduit les habitants de la terre, n'hésitant pas à faire des prodiges. Il anime la première bête et la fait parler (Apocalypse 13. 13-15). Ce deuxième animal est le Faux Prophète. Il incarne toutes les hérésies, les mensonges et les fausses doctrines destinés à séduire les hommes pour qu'ils se tournent vers la première bête, l'Antichrist. Tous ceux qui le font reçoivent sur leur front la marque de la bête. C'est un nombre : 666 !

Que d'encre ce nombre n'a-t-il pas fait couler ! Il a donné lieu aux interprétations les plus aberrantes. Nous proposerons la suivante : 6 est tout près de 7, le chiffre divin. Il symbolise donc les jugements de Dieu (Cf. les six sceaux de l'Apocalypse, dans Apocalypse 6. 1-7. 17). Avant l'ouverture du 7° sceau, il y a une pause (Apocalypse 8.1). De même, 6 anges sonnent de 6 trompettes et annoncent des jugements divins (Apocalypse 8. 7 – 9. 11). Puis il y a une pause, avant qu'au son de la 7° trompette le ciel ne se mette à célébrer la gloire de Dieu (Apocalypse 11. 15). 6 est donc le chiffre de ce monde soumis aux jugements de Dieu. C'est la moitié de 12, comme 3 et demi est la moitié de 7. « 12 » étant le chiffre de l'Eglise, du Royaume de Dieu, 6 ne peut être que celui du royaume de ce monde.

« 666 » = 6+60+600. Y a-t-il là l'évocation d'une gradation devant montrer que malgré tous ses efforts, la bête ne parvient qu'à intensifier les jugements divins ? Pourquoi pas. Le royaume de ce monde que Dieu juge (666) est opposé au royaume de Dieu qu'il délivre (144 000). D'autre part, 666 est les ⅔ de 1 000 (Apocalypse 20), chiffre de l'éternité. L'Antichrist (ou Satan agissant par lui) singe Dieu. Il veut offrir aux hommes le salut et l'éternité de Dieu, mais n'y parvient pas. Il les précipite au contraire dans la mort éternelle.

La lecture rapide d'Apocalypse 13 a permis de constater les analogies frappantes entre ce dernier livre de la Bible et celui de Daniel. Ils brossent tous les deux des tableaux apocalyptiques et plongent leurs regards dans la fin des temps. Les images, pour n'être pas identiques, présentent de nombreux points de ressemblance. L'Apocalypse fournit plus de détails que Daniel. Il n'y a à cela rien d'étonnant. Le Christ étant venu et ayant accompli son œuvre, la fin du monde est plus proche qu'elle ne l'était à l'époque de Daniel. D'autre part, la révélation de Dieu est complète. Les lecteurs de l'Apocalypse en savent plus que n'en savaient les contemporains de Daniel. Maintenant que le plan de salut divin est presque entièrement accompli, que tout est pour ainsi dire prêt pour accueillir le Christ lors de son retour en gloire, mais que l'Eglise a encore des moments bien difficiles à traverser, Dieu soulève le voile dans l'Apocalypse plus qu'il ne l'a fait dans le livre de Daniel. « Si quelqu'un a des oreilles, qu'il entende ! » (Apocalypse 13. 9).

DANIEL 7 ET APOCALYPSE 12

Il est intéressant aussi de comparer Daniel 7 et le chapitre 12 de l'Apocalypse. Celui-ci nous montre Satan à l'œuvre sous la forme d'un dragon. Le dragon qui, selon la vision d'Apocalypse 13, donne toute son autorité à la bête qui symbolise l'Antichrist, et incite les habitants de la terre à l'adorer (Apocalypse 13. 2, 4). Satan n'est pas mentionné dans le livre de Daniel, mais quiconque connaît la Bible sait qu'il agit dans ce monde, et plus particulièrement dans les puissances de ce monde et à travers toutes les forces de séduction et du mal.

Le tableau d'Apocalypse 12 oppose un dragon à une femme. C'est la même opposition qu'entre le Fils de l'homme et les animaux de Daniel 7. « Un grand signe parut dans le ciel : une femme enveloppée du soleil, la lune sous ses pieds et une couronne de douze étoiles sur sa tête » (v.11). Elle paraît dans le ciel comme le Fils de l'homme (Daniel 7. 13), et va affronter le dragon comme le Fils de l'homme s'élèvera contre les royaumes de ce monde symbolisés par les 4 animaux. C'est l'Eglise chrétienne, le peuple de Dieu. Elle est souvent représentée dans la Bible comme l'épouse du Seigneur, celle à laquelle il s'est uni par une alliance éternelle. La Bible nous la représente aussi sous les traits d'une femme infidèle, voire d'une prostituée (Apocalypse 17). Cf. Exode 34. 15, 16 ; Lévitique 17. 7 ; 20. 5, 6 ; Nombres 14. 33 ; 15. 39 ; Deutéronome 31. 16 ; 32. 16, 21 ; Esaïe 1. 21 ; 50. 1 ;54. 1 ss ; Jérémie 2. 2, 20, 23-25 ; 3.1 ss ; Ezéchiel 16 et 23 ; Osée 1-3 ; Jean 3. 29 : Matthieu 9. 15 ; Ephésiens 5. 23-32.

Elle est « enveloppée du soleil » (v. 1). Dieu est son soleil, le soleil de la justice. Le Christ fait briller sa propre lumière (Apocalypse 1. 16) sur le visage de son épouse. L'Eglise chrétienne est un chandelier (Apocalypse 1. 20), la lumière du monde (Matthieu 5. 41 ; 13. 43 ; Jean 8. 12). Sur la tête elle porte douze étoiles. Elle représente en effet l'Eglise de l'ancienne et de la nouvelle alliance (12 patriarches et 12 apôtres). Elle devra, puisqu'elle est l'épouse, le peuple du Christ, affronter le dragon comme le Christ doit, avec son royaume, affronter les royaumes de ce monde.

Le dragon est là accroupi devant elle. En effet, elle est enceinte. « Le dragon se tint devant la femme qui allait enfanter, afin de dévorer son enfant, lorsqu'elle aurait enfanté » (v. 4). Quel est cet enfant qui doit naître et auquel le dragon semble tant en vouloir ? C'est le Messie, le Sauveur du monde. Jésus, en effet, est issu du peuple de Dieu ; il est la postérité d'Abraham en qui doivent être bénies toutes les nations de la terre. C'est l'Eglise de l'ancienne alliance, l'épouse de Dieu, fécondée par ses promesses, qui donne au monde un Sauveur. C'est aussi l'Eglise chrétienne, le peuple de Dieu de l'alliance nouvelle, qui fait naître le Sauveur dans ce monde en le proclamant, en annonçant son salut et en le faisant entrer dans les cœurs. Quoi d'étonnant à ce que Satan soit là pour le dévorer ? Il ne veut pas que les hommes soient rachetés et sauvés. N'a-t-il pas tout fait pour les précipiter dans le péché et la mort ? Alors, à peine Jésus entame-t-il son ministère qu'il se présente à lui et le tente, pour le détourner de sa mission. Il ira le trouver plus tard dans le jardin de Gethsémané, dans l'espoir de le dissuader de prendre le chemin de la croix. N'ayant pas réussi, et Jésus ayant racheté le monde, il fait tout maintenant pour empêcher que son Evangile soit prêché aux hommes. Quand il n'y parvient pas par la persécution, il recourt aux fausses doctrines et aux séductions. Tous les moyens sont bons, pourvu que l'Eglise ne puisse pas accomplir sa mission, que la femme ne puisse pas faire naître le Christ dans le monde et l'apporter aux nations.

« Son enfant fut enlevé vers Dieu et vers son trône » (v.5). Ayant accompli sa mission, Jésus monta au ciel et s'assit sur le trône de Dieu. Quant à la femme, elle s'enfuit dans le désert, où elle avait un lieu préparé par Dieu » (v.6). C'est une image qui exprime la vérité que Dieu protège son Eglise, de sorte que les portes de l'enfer ne peuvent pas prévaloir contre elle (Matthieu 16. 18). « Les deux ailes du grand aigle furent données à la femme, afin qu'elle s'envole au désert, vers son lieu » (v. 14). Ce texte rappelle Exode 19. 1-4 où il est dit que Dieu porta Israël dans le désert sur les ailes d'un aigle, pour le faire échapper aux poursuites de son oppresseur, l'Égypte.

Elle y fut nourrie pendant : « mille deux cent soixante jours » (v.6), ou « un temps, des temps et la moitié d'un temps, loin de la face du serpent » (v.14), soit 3 ans et demi (1260 jours). L'Eglise chrétienne vit au désert, comme Israël. Elle est l'Eglise militante. Elle mène une vie de combats et de souffrances. Mais le temps de cette lutte est limité : 1260 jours. Limité par Dieu lui-même. Cf. la même indication chronologique dans Daniel 7. 27 ; 9. 27 : 12. 6, 7. Trois et demi est la moitié de 7, chiffre de Dieu. C'est le temps de ce monde, le temps où Dieu permet à ce monde d'opprimer son Eglise. C'est aussi le temps des païens, qui va de la destruction de Jérusalem à l'avènement du Christ. Il est dit dans Apocalypse 11. 2 que les nations fouleront Jérusalem, l'Eglise chrétienne, pendant 42 mois, soit encore trois ans et demi, ou 1260 jours. Apocalypse 13. 5, de même, déclare que la bête, l'Antichrist, agira et proférera des blasphèmes pendant 42 mois.

« Il y eut guerre dans le ciel. Michel et ses anges combattirent contre le dragon. Et le dragon et ses anges combattirent, mais ils ne furent pas plus forts. Et il fut précipité, le dragon, le serpent ancien, appelé le diable et Satan, celui qui séduit toute la terre. Il fut précipité sur la terre, et ses anges furent précipités avec lui. (v. 7-9). Jésus étant remonté au ciel et s'étant assis sur son trône (v.5), Satan est jeté hors du ciel. L'archange Michel est chargé d'exécuter ce jugement. Satan et les démons tentent de lui résister, mais rien n'y fait. Il est évincé. La vision de l'Apocalypse nous présente ainsi le diable et ses démons comme étant au ciel jusqu'à l'ascension du Christ. Selon Job 1. 6ss ; 2. 1ss, Satan se tient devant le trône de Dieu avec les autres anges (Cf. aussi 1 Rois 22. 19-22). Selon Zacharie 3. 1, 2, il se tient devant l'Ange de l'Éternel pour accuser les frères (Apocalypse 12. 10). Tant que le sang de l'expiation n'avait pas coulé, il avait encore un pouvoir sur les hommes et pouvait le faire valoir devant Dieu. Il pouvait les accuser et réclamer leur condamnation. Dans Luc 10. 18, Jésus voit à l'avance Satan tomber du ciel. Il entrevoit sa victoire sur le prince de ce monde. C'est sur la croix et dans le jardin de

Joseph d'Arimathée qu'il la remporta, mais c'est le jour de son ascension que le diable dut quitter le ciel. Il n'y avait plus sa place maintenant que le Sauveur du monde venait de s'asseoir sur son trône. Colossiens 1. 20 déclare que le Christ « a voulu par lui tout réconcilier avec lui-même, tant ce qui est sur la terre que ce qui est dans les cieux, en faisant la paix par lui, par le sang de sa croix ». Le péché avait tout perturbé, à la fois dans les cieux et sur la terre. Le monde des anges était déchiré en deux. Les bons anges n'étaient pas en mesure de rétablir l'harmonie dans le ciel en en chassant Satan et ses démons. Seul le Christ a pu le faire par le sang de sa croix. Il a fallu qu'il verse son sang et meure pour les hommes, pour que l'archange Michel et les autres bons anges puissent expulser Satan du ciel où il n'avait plus rien à faire. Il ne peut plus accuser les rachetés de Dieu, car ils ont un médiateur (1 Jean 2. 1,2 ; Hébreux 7. 25, 8. 1 ; 12. 24 ; Romains 8. 33, 34). L'Adversaire est vaincu, vaincu par le Christ et vaincu par tous ceux qui persévèrent dans la foi jusqu'à la fin. Six fois dans sa 1° épître et 16 fois dans l'Apocalypse, Jean utilise le verbe vaincre.

Satan est vaincu comme Accusateur, mais pas comme Tentateur. « Quand le dragon vit qu'il avait été précipité sur la terre, il poursuivit la femme qui avait enfanté le fils... Et de sa gueule, le serpent lança de l'eau comme un fleuve derrière la femme, afin de l'entraîner par le fleuve. Mais la terre secourut la femme. Elle ouvrit sa bouche et engloutit le fleuve que le dragon avait lancé de sa gueule. Et le dragon fut irrité contre la femme et il s'en alla faire la guerre au reste de sa postérité, à ceux qui gardent les commandements de Dieu et qui retiennent le témoignage de Jésus » (v. 13-17). Il n'a que peu de temps et il le sait. Comme Israël dans le désert va au-devant de la terre promise, l'Eglise traverse le désert de ce monde et marche vers sa patrie (1 Pierre 1. 17 ; 2.11 ; Hébreux 4. 9 ; 13. 14 ; 2 Corinthiens 5. 6,7 Jean 3. 2). Satan, qui n'a pu empêcher le Christ de mourir pour le salut du monde, qui n'a plus aucun pouvoir sur les hommes du moment que leurs péchés sont pardonnés et qu'ils sont revêtus par la foi de la justice de leur Rédempteur, fait tout pour les séduire, les opprimer et les détourner ainsi du chemin de la vie éternelle. Impuissant face au Rédempteur du monde, il s'en prend à son Eglise. Il tente de la noyer en lançant contre elle un grand fleuve (v. 15). Mais la terre engloutit le fleuve (v. 16).

Irrité, Satan se tourne vers « le reste de sa postérité » (v. 17). C'est le petit reste qui demeure fidèle à Dieu, qui garde ses commandements et retient « le témoignage de Jésus ». Là s'arrête la vision. L'auteur de l'Apocalypse n'est pas chargé d'écrire une histoire de l'Eglise chrétienne. Il lui est simplement demandé d'esquisser son sort dans ce monde. Ce qu'il décrit ici doit lui suffire. Elle aura des épreuves et a besoin de ces épreuves pour rester vigilante et ne pas succomber aux tentations de Satan. C'était aussi le message de Daniel 7 et des autres chapitres de ce livre. Que l'Eglise veille et prie ! Et qu'au milieu de ces épreuves elle trouve force et consolation dans la merveilleuse promesse qui lui est faite : Satan est vaincu, réellement vaincu ! Il n'a plus de place dans le ciel et ne peut plus se tenir devant Dieu. Alors, incapable d'accuser plus longtemps, il s'en va tenter et séduire les enfants de Dieu. Mais son temps est limité et il ne peut pas éprouver les chrétiens plus que ne le permet le Seigneur. Le jour viendra où il sera écrasé et précipité à jamais dans l'étang de feu, tandis que ceux qui auront vaincu par le sang de l'Agneau régneront avec leur Sauveur d'éternité en éternité.

CHAPITRE 8

Le bélier, le bouc et la petite corne
La Perse, la Grèce et Antiochus Epiphane

Voici une nouvelle vision sur les royaumes de ce monde et le Royaume de Dieu et l'avenir de ce dernier. A partir de ce chapitre, l'auteur revient à l'hébreu (les chapitres 2 à 7 ont été écrits en araméen). Les royaumes de ce monde ne s'intéressent guère à l'histoire du Royaume de Dieu, ce qui explique le changement de langue. L'auteur veut préparer le peuple de Dieu aux épreuves qui l'attendent. Une grande tribulation notamment le frappera avant la venue du Messie. Mais le grand persécuteur, l'Antichrist de l'Ancien Testament, sera détruit par le Seigneur. L'interprétation de Daniel 8 vient confirmer celle de Daniel 2 et 7 avec leur séquence : Babylone, la Perse, la Grèce et Rome. Deux animaux, un bélier et un bouc, viennent symboliser la Perse et la Grèce (Daniel 8. 20,21). Ainsi, Daniel 8 se penche sur une portion précise de l'histoire des royaumes de ce monde brossée par Daniel 2 et 7.

« La troisième année du règne du roi Belschatsar... » (v.1). Cette vision eut donc lieu 2 ans après la précédente. Elle nous transplante à Suze, une ville qui revêtira une grande importance, quand elle deviendra par la suite la résidence royale des souverains perses. Daniel y fut transporté en esprit, comme d'autres visionnaires (Cf. Ezéchiel 8. 3 ; Apocalypse 17. 3). Il vit un bélier qui se tenait devant le fleuve. Il avait deux grandes cornes, dont l'une était encore plus grande que l'autre (v. 3). Il représentait, et cela le texte le dit lui-même, l'empire médio-perse, empire bicéphale fondé par deux nations, les Mèdes et les Perses dont la rivalité aboutit à la prédominance du second. C'est pourquoi une corne du bélier était plus grande que l'autre. Le bélier, symbole de force, est un animal puissant et entêté, qui affronte tout ce qui se dresse devant lui, sans jamais céder. Il « frappait de ses cornes à l'occident, au septentrion et au midi. Aucun animal ne pouvait lui résister, et il n'y avait personne pour délivrer ses victimes. Il faisait ce qu'il voulait et il devint puissant ». (v4). C'est un bref tableau de l'histoire de l'empire perse. Il s'étendit vers l'ouest, le nord et le sud. On notera qu'il n'est pas question de l'est, La Perse elle-même étant la limite orientale de l'empire. Ouest, nord et sud : Cf. les trois côtes que l'ours tenait dans ses crocs (Daniel 7. 5).

Soudain surgit un bouc. L'accent est sur la vitesse de l'animal. Il se déplace sans toucher le sol : Il « parcourait toute la terre à la surface, sans la toucher » (v.5). Il n'a qu'une corne, entre les yeux. C'est le « roi de Javan » (v. 21), c'est-à-dire le souverain de la Grèce, Alexandre le Grand. Un bouc est plus rapide et plus fort qu'un bélier. Alexandre le Grand aura donc raison de la Perse. Il « venait de l'occident » (v.5), la direction même d'où viendra Alexandre le Grand. Aucun animal, c'est-à-dire aucun royaume ne put lui résister. Alexandre était invincible dans ses conquêtes. L'affrontement entre le bélier et le bouc eut lieu près du fleuve où se tenait le premier. Est-ce une allusion au Granique, le fleuve où l'armée grecque eut raison des Perses ? Le bouc, est-il dit, brisa les cornes du bélier (v. 6, 7). C'en était fait de l'empire des Mèdes et des Perses.

Au sommet de sa puissance, Alexandre le Grand meurt subitement. La grande corne du bouc fut brisée (v. 8). Le fier conquérant n'avait que 33 ans (323 avant J.-C.). Quatre nouvelles cornes poussent à la place de la première, dans les quatre directions. L'empire d'Alexandre sera partagé en quatre, comme l'ont déjà indiqué des visions antérieures. Lisymaque reçut en partage la Thrace et la Bithynie (peut-être même toute l'Asie Mineure), Cassandre la Macédoine et la Grèce, Séleucus la Babylonie et la Syrie, et Ptolémée l'Égypte, à laquelle fut annexée la Palestine. Deux dynasties feront parler d'elles et impliqueront dans leurs querelles et leurs rivalités la Palestine, donc le peuple de Dieu, celles fondées par Ptolémée et Séleucus. Ptolémée dit Sôter (323-285), ami intime d'Alexandre et l'un de ses meilleurs généraux, s'emparera au lendemain de sa mort de l'Égypte, tandis que les autres se disputeront le reste de l'empire. Il fut d'abord le gouverneur, puis devint roi d'Égypte. Habile administrateur, il sut rénover ce pays qui s'enlisait dans une lamentable décadence. Deux ans avant de mourir, il abdiqua en faveur de son fils Ptolémée II dit Philadelphe (285-245). Sous son règne, l'Égypte redeviendra une grande puissance. Il fera d'Alexandrie la métropole intellectuelle de l'Antiquité et aura pour successeur Ptolémée III dit Evergète (246-221), puis Ptolémée IV dit philopater (221-203). Voilà pour l'Égypte.

Séleucus, de son côté, avait fondé une dynastie en Babylonie et en Syrie. Plusieurs rois insignifiants lui succédèrent. Puis ce fut au tour d'Antiochus le Grand (223-187 avant J.-C.), roi de Syrie. Il perdit la Palestine dans une guerre contre l'Égypte, puis la reconquit. Antiochus IV, son second fils, lui succéda et prit le titre d'Epiphane (175-164). Prince énergique, farouchement déterminé à helléniser son royaume, il mena une politique d'intolérance qui lui attira l'inimitié des Juifs. Il pilla le temple de Jérusalem et alla jusqu'à ériger une statue de Zeus dans le sanctuaire. C'était « l'abomination de la désolation ». Il ordonna d'offrir des porcs en sacrifice, interdit la circoncision et fit périr tous les écrits sacrés des Juifs sur lesquels il put mettre la main. Les Juifs se soulevèrent sous la direction des Maccabées (1 Maccabées 1. 41-53), du moins ceux qui voulurent rester fidèles à Dieu, car d'autres pactisèrent avec l'occupant. Roi honni des Juifs, il fut l'Antichrist de l'A.T. C'est de lui qu'il sera question dans la suite de la vision.

De l'une des quatre grandes cornes qui avaient poussé sur la tête du bouc (v.8), il en sortie une petite (v.9). Etrange ! L'un des quatre royaumes issus de l'empire d'Alexandre produira un roi qui deviendra très puissant. En effet, cette petite corne « s'agrandit beaucoup vers le midi, vers l'orient et vers le plus beau des pays » (entendez par là la Palestine, patrie des Juifs, v. 9). Il s'agit d'Antiochus IV Epiphane, 8° de la dynastie des Séleucides. Souverain adroit, mais aussi un monstre de fraude, de cruauté et d'intrigues. Affrontant l'Égypte gouvernée par son neveu Ptolémée Philometor, il s'annexe la Palestine, « le plus beau des pays », « un pays de délices, un héritage, le plus bel ornement des nations » avait dit Jérémie (Jérémie 3.19), « Le plus beau de tous les pays » selon Ezéchiel (Ezéchiel 20. 6), le pays sur lequel Dieu avait répandu tant de bénédictions et auquel il avait accordé tant de manifestations de sa grâce !

La petite corne devenue grande, « s'éleva jusqu'à l'armée des cieux. Elle fit tomber à terre une partie de cette armée et des étoiles et elle les foula » (v.10). Il s'agit des croyants, des saints de Dieu que ce roi persécutera, et dont la promesse faite à Abraham disait qu'ils seraient plus nombreux que les étoiles du ciel (Genèse 15. 5 ; 22. 17). La traduction française dit « une partie de cette armée et des étoiles ». L'original hébraïque emploie une tournure qu'il aurait fallu rendre par « une partie de cette armée, c'est-à-dire des étoiles ». La vision représente ainsi de façon symbolique les persécutions auxquelles se livrera ce roi (Cf. v. 24).

« Elle s'éleva jusqu'au chef de l'armée, lui enleva le sacrifice perpétuel et renversa le lieu de son sanctuaire » (v. 11). En effet, ce roi syrien mettra fin aux sacrifices et privera Dieu du culte qui lui est dû. Ainsi la vérité sera jetée par terre (v. 12). Pire que cela : Antiochus Epiphane instaurera dans le temple un culte abominable (autel dressé en l'honneur de Zeus Olympe, immolation de porcs).

Mais voici que des anges apparaissent et dialoguent entre eux pour permettre à Daniel de comprendre la vision. Ils lui en fournissent l'interprétation (v. 13 ss). L'un des anges semble en savoir plus que l'autre (Cf. 1 Pierre 1. 12). Daniel devait se demander combien de temps durerait cette persécution. Le dialogue des deux anges répondra à cette question. « Deux mille trois cents soirs et matins ; puis le sanctuaire sera purifié » lui est-il dit (v. 14). Nous avons affaire ici à une des plus grandes énigmes soulevées par le livre de Daniel. Que signifient les 2300 soirs et matins ? 2300 soirs plus matins, soit 1150 jours de 24 heures, ou 2300 soirs/matins, soit 2300 jours ? Aucune analyse des faits rapportés par 1 Maccabées ne cadre avec l'un ou l'autre de ces chiffres. Voici les dates relevées dans cet ouvrage, converties en dates de notre calendrier actuel :

175 avant J.-C : Antiochus accède au pouvoir et conquiert l'Égypte.

169 Il se rend à Jérusalem, pille le temple et tue beaucoup de Juifs.

167 Antiochus envoie un capitaine à Jérusalem qui fortifie la ville. Il interdit le culte à Yahvé, profane le temple, fait immoler des cochons, interdit la circoncision, édifie des autels en Palestine et brûle des livres sacrés.

165 Antiochus s'en prend à la Perse et confie le gouvernement de son royaume à Lysias. Jérusalem est désolée. Judas Maccabée bat Lysias, restaure le temple et le culte.

164 Le 25 du 9° mois, on sacrifie de nouveau à Yahvé. Antiochus battu en Perse par Elymaïs, retourne à Babylone et y meurt. Antiochus Eupator lui succède.

161 Demetrius devient roi et fait tuer Antiochus Eupator et Lysias. Le souverain sacrificateur Alcimus assassine Juda. Nicanor, envoyé à Jérusalem avec une armée, blasphème dans le temple. Il est vaincu et meurt le 13 du 12° mois.

Aucun de ces faits historiques ne cadre avec 2300 (ou 1150) jours. Il s'agit donc d'un nombre symbolique. 2300 divisé par 365 (365 jours par an) = 6 ans et 110 jours, soit moins de 7 ans. 7 est le chiffre divin. Si la vision parlait de 7 ans, cette période serait une période de jugement divin. Selon juges 6.1, Israël fut livré par Dieu dans les mains des Madianites pendant 7 ans. Nous en concluons que les persécutions auxquels se livra Antiochus Epiphane contre le peuple de Dieu n'étaient pas à interpréter comme un jugement divin. 2300 est aussi une période bien limitée dans le temps. La souffrance des Juifs ne durerait pas un jour de plus qu'ils ne pourraient supporter.

« Sois attentif, fils de l'homme, car la vision concerne un temps qui sera la fin » (v. 17). En fait, elle annonce un événement politique qui sert de prototype pour la fin des temps. En d'autres termes, Antiochus Epiphane, grand ennemi de Dieu et de son peuple, est la préfiguration de l'Antichrist de la fin des temps. L'Eglise du N.T. connaîtra des épreuves semblables à celles que ce roi infligea à Israël. « Fils de l'homme » est un titre donné à Daniel, Ezéchiel et Zacharie, rappelant aux prophètes de Dieu qu'ils ne sont que des hommes. Daniel est tellement bouleversé par ce qu'il vient d'apprendre qu'il en tombe par terre. Mais l'ange le touche et lui donne ainsi la force de se relever.

La suite du chapitre reprend la description d'Antiochus Epiphane, en insistant sur son orgueil, son arrogance contre le « Chef des chefs », Dieu (v. 25), et les persécutions sanglantes auxquels il se livrera. Mais il « sera brisé, sans l'effort d'aucune main » (v. 25).Ce ne sont pas les hommes qui mettront fin à son pouvoir, mais Dieu. 1 Maccabées 6. 8ss raconte comment Dieu s'y prit.

Dieu a donné à Daniel toutes les révélations sur l'avenir qu'il voulait lui donner. Il n'en aura pas d'autres, ou plutôt les suivantes ne lui apprendront rien de nouveau (v. 26). Il lui fut demandé de ne pas douter de leur contenu, car elles sont véritables. « Tiens secrète cette vision ». Une traduction plus correcte dirait : « préserve cette vision », littéralement : « enferme-la ». Les visions, en effet, sont là pour être annoncées et conservées pour les générations futures, même si elles ne sont pas divulguées dans l'immédiat (v. 27).

Un sujet de méditation :

Le but de ce chapitre est double. Il annonce des événements qui se sont accomplis dans l'histoire d'Israël. Il a donc accompli son but et ne semble pas concerner les croyants du Nouveau Testament. Il enseigne cependant que Dieu connaît l'histoire de ce monde et qu'il en reste le Maître, qu'il la dirige de façon souveraine pour accomplir ses desseins.

Mais ce chapitre affirme aussi que la vision concerne la fin des temps (v. 17). L'histoire de ce monde est cyclique, et l'un de ces cycles est celui de l'Antichrist. Antiochus Epiphane n'est que la préfiguration de l'Antichrist qui surgira à la fin des temps, avant l'avènement du Christ. Il viendra et fera des ravages, mais il sera aussi sûrement détruit que l'a été Antiochus (v. 25). Cette vision constitue donc pour l'Israël de l'A.T. et le peuple de Dieu de la nouvelle alliance à la fois une mise en garde et une source de consolation.

CHAPITRE 9

Confession et prière de Daniel
Les soixante-dix heptades

Les chapitres 7 et 8 contenaient une note sombre et une lueur d'espoir. Ils annonçaient les persécutions du peuple de Dieu et la destruction du persécuteur par le Seigneur. Mais il y a encore plus à dire au sujet des choses glorieuses que le Seigneur réserve aux siens. Le chapitre 9 développe le plan de Dieu depuis l'époque de Daniel jusqu'à la fin des temps. C'est un panorama de l'histoire qui est unique dans l'A.T. Cette révélation nouvelle est la réponse de Dieu à l'humble prière de Daniel. Le Seigneur va lui révéler la gloire d'un avenir lointain.

Les circonstances (versets 1-3)

« La première année de Darius, fils d'Assuérus » (v.1). Pour l'identité de « Darius le Mède », se reporter à ce qui a été dit à ce sujet dans l'explication du chapitre 6. Cyrus avait fait de lui le roi de la Chaldée, ou de Babylone. Le verbe hébraïque employé dans ce verset (un passif causal) montre bien que Darius n'a pas conquis son trône, mais qu'il lui fut donné par un autre. Nous sommes à nouveau en 538 avant J.-C. l'année où Cyrus conquit Babylone.

Daniel sonde les Ecritures, à l'exemple des autres prophètes (1 Pierre 1. 11). En effet, il y a des choses qu'il ne comprend pas. Il consulte Jérémie et apprend que la captivité doit durer 70 ans (Cf. Jérémie 25. 11,12 ; 29. 10). 70 ans à partir de quand ? Selon Daniel 1. 1, Nebucadnetsar emmena un premier contingent de captifs, avec les ustensiles du temple, la 3° année de Jojakim. Soit en 606 avant J.-C. Le premier retour des exilés eut lieu en 538, date de l'édit de Cyrus. Le chiffre 70, arrondi quelque peu par le haut, correspond donc aux faits. La délivrance est imminente. Daniel se tourne vers son Dieu. Il jeûne, prend le sac et la cendre (v.3). Il s'humilie devant le Seigneur et fait monter vers lui une ardente prière.

La confession de Daniel (versets 4-14)

C'est l'une des plus belles prières de la Bible, très proche de celles qu'on peut lire dans Esdras 9 et Néhémie 1 à 9. Israël est encore en grande partie impénitent. Le peuple ne lui paraît pas encore prêt à recevoir la délivrance comme un don de Dieu. Humilié par le Seigneur, il n'est pas évident qu'il s'humilie devant lui. Daniel considère les péchés de son peuple comme un monceau d'iniquités auquel chacun a apporté sa part, les ancêtres d'Israël aussi bien que Daniel lui-même et ses contemporains. Le prophète renonce à tout appel à la propre justice et fonde ses demandes sur la seule miséricorde de Dieu.

C'est tout d'abord un appel à sa fidélité et sa bonté : « Seigneur, Dieu grand et redoutable, toi qui gardes ton alliance et fais miséricorde à ceux qui t'aiment et qui observent tes commandements » (v.4). C'est au nom de cette fidélité et de cette grâce qu'il va supplier le Seigneur de pardonner à son peuple. Vient alors une description des péchés d'Israël où Daniel ne minimise et ne cache rien. Israël n'a aucune excuse ; aussi le prophète n'en cherche-t-il pas. Ils n'ont pas voulu écouter la voix des prophètes chargés de leur annoncer la parole de Dieu et de l'actualiser selon les circonstances. Les plus fautifs furent encore les rois et les chefs du peuple (v. 5, 6). D'où l'opprobre et la honte qui ont frappé le peuple. Dieu était juste en les châtiant. Il n'y a rien à lui reprocher : « A toi, Seigneur, est la justice et à nous la confusion de face en ce jour... parce que nous avons péché contre toi. Auprès du Seigneur, notre Dieu, la miséricorde et le pardon, car nous avons été rebelles envers lui » (v. 7,8).

Le sort qu'Israël subit est exactement celui que Dieu lui avait promis. Le peuple est inexcusable, car il savait quelles seraient les conséquences de la désobéissance. Moïse en avait déjà parlé et l'avait prévenu (v. 11). Les calamités nationales qui ont frappé le peuple ne sont pas le résultat d'un concours de circonstances, d'une combinaison de causes naturelles, mais l'œuvre de Dieu (Cf. Lévitique 26. 14-39 ; Deutéronome 28. 15-68). La vie d'Israël est profondément ancrée dans la Parole de Dieu, dans ses malédictions aussi bien que dans ses bénédictions. Dieu a donc accompli sa parole. « L'Éternel a veillé sur cette calamité et l'a fait venir sur nous, car l'Éternel notre Dieu est juste dans toutes les choses qu'il a faites, mais nous n'avons pas écouté sa voix » (v.4). Israël pleurait son sort, se lamentait sur son malheur, mais ne revenait pas à Dieu. Alors il lui a fallu frapper. Durement, car d'autres châtiments n'avaient pas suffi. Ayant ainsi confessé les péchés d'Israël, Daniel va faire monter sa supplication à Dieu.

La supplication de Daniel (Versets 15-19)

Daniel rappelle à Dieu comment, par une majestueuse délivrance, il avait conclu une alliance de grâce avec son peuple. Il avait ainsi glorifié son nom (Cf. Esaïe 63. 12,14 ; Jérémie 32. 20). Il saura refaire un prodige de ce genre. Et le prophète de revenir à la charge, d'importuner son Dieu en des termes qui rappellent bien des textes de la Bible (v. 18, 19 ; Cf. 37. 17 ; Psaume 44. 23 ; 74. 10 ; 80. 14 ; Jérémie 7. 10-12 ; 36. 7 etc). Il précise qu'il ne fonde pas sa prière sur la justice d'Israël, mais sur la miséricorde de Dieu. Ce genre de texte montre que la foi des croyants de l'ancienne alliance avait le même contenu que la nôtre. Elle était profondément évangélique (Cf. Tite 3. 5 ; Ephésiens 2. 8, 9 ; Romains 3. 28). « Ton nom est invoqué sur ta ville et sur ton peuple » (v. 19). Dieu ne peut pas renier ses promesses. Si Israël se repent et revient à lui, il lui fera grâce. On ne rejette pas son enfant, le fruit de ses entrailles, quand il revient humble et le cœur rempli de remords.

La réponse de Gabriel (Versets 20-27)

« Je parlais encore… » (v.20). Dieu répondit à Daniel avant même qu'il n'eût terminé sa prière. Il lui envoya l'archange Gabriel qui lui adressa la parole. Le Seigneur écoute nos prières. Il est prêt à nous donner plus que nous n'osons lui demander. « Tu es un bien-aimé. Sois attentif à la parole et comprends la vision ! » (v. 23).

Vient ensuite l'une des plus étranges prophéties de l'Ecriture. Elle aussi a fait l'objet de bien des interprétations. Il y est question de 70 « semaines » (c'est du moins le mot employé par la plupart des traductions), au bout desquelles sera oint le « Saint des saints ». Ces 70 semaines sont découpées en trois portions de longueur très inégale : 7 + 62 + 1. Durant ce laps de temps, le Messie viendra, Jérusalem sera bâtie, puis un chef viendra la détruire et commettra des abominations. Mais il sera finalement détruit.

Essayons d'être aussi simple et bref que possible. Un commentaire entrant dans tous les détails et tenant compte de toutes les interprétations proposées jusqu'à ce jour ne serait pas à sa place ici. Résumons-nous donc. Il existe en gros trois types d'interprétations :

L'interprétation libérale qui part du principe qu'il n'y a pas de révélation de l'avenir. Elle assimile les 70 semaines à des semaines d'années (70 x 7 ans = 490 années). Ces 490 années sont dites recouvrir toute la période qui sépara le retour de l'exil des abominations commises par Antiochus Epiphane, sous le règne duquel l'auteur inconnu du livre est dit avoir vécu. Mais les 490 années ne collent pas avec les faits, aussi reproche-t-on à cet auteur d'avoir commis de sérieuses erreurs d'histoire.

L'interprétation traditionnelle qui fut celle des Réformateurs et d'autres théologiens. Elle assimile elle aussi les 70 semaines à des semaines d'années. Luther, par exemple, a fait le calcul suivant : 7 + 62 semaines (soit 483 ans) du début de la restauration de Jérusalem jusqu'à la résurrection du Christ (dans un autre texte, il parle du baptême du Christ), et 1 semaine (soit 7 ans) de cette date jusqu'au jour où les apôtres se détournèrent d'Israël pour apporter l'Evangile aux païens (Actes 13. 46), avec au milieu le Concile de Jérusalem (dans l'autre texte, il étend ces 7 années du baptême du Christ au Concile de Jérusalem, avec au milieu la résurrection du Christ). Cette interprétation se heurte elle aussi à des difficultés chronologiques.

L'interprétation dite messianique et eschatologique. Elle ne parle pas de 70 « semaines », mais de 70 « périodes de sept » ou, ce qui revient au même, de 70 « heptades ». C'est celle que nous retiendrons. Mais avant de l'exposer, précisons que la révélation des v. 24-27 n'est pas une explication donnée à Daniel au sujet des 70 années dont parlait Jérémie (Daniel 9. 1, 2). Daniel comprenait fort bien la prophétie de Jérémie ; il savait que l'exil touchait à sa fin. La révélation de Dieu n'est pas la réponse à une question qu'il lui aurait posée dans sa prière, mais constitue quelque chose de plus. C'est comme s'il lui disait : « Daniel, les 70 années de Jérémie sont passées. Jérusalem sera restaurée. Mais voici une nouvelle période est inaugurée qui aboutira à une restauration autrement plus grande et plus glorieuse que la reconstruction de Jérusalem ». Et Dieu déploie devant lui son plan divin pour les temps à venir.

Les semaines dont parle le texte ne peuvent pas être des semaines ordinaires de 7 jours. Le total ferait 490 jours, période beaucoup trop courte pour s'insérer dans la révélation faite à Daniel. On en a conclu qu'il s'agissait de semaines d'années. Mais le mot hébreu n'est jamais employé dans ce sens par la Bible. Il est vrai que la loi de Moïse avait instituée l'année sabbatique (Lévitique 25 et 26). La 7° année y est appelée un « sabbat » (en hébreu « Shabbath »). Le mot employé par notre texte, « shabuah », n'est pas le même. Il signifie littéralement « heptade » et désigne une période divisible en 7 unités. 7 est le chiffre divin, caractéristique de l'œuvre divine (Cf. les 7 jours de la création), et 10 est le nombre de la perfection. 7 x 10 = 70, soit la période pendant laquelle Dieu accomplit son œuvre par excellence. Nous n'avons donc pas à nous livrer à des computations chronologiques et à forcer les dates de l'histoire dans le schéma de notre texte.

Les 70 heptades, sont toute la période qui va jusqu'à la fin du monde et pendant laquelle le Seigneur accomplit son dessein.

Au bout de 7 heptades, le Saint des saints sera oint (v. 24). L'expression « Saint des saints » désigne soit l'autel des holocaustes (Exode 28. 37 ; 30. 29 ; 40.

10), ou bien encore les autels en général, ainsi que les instruments et outils sacrés, ou bien les aliments réservés aux prêtres (Lévitique 2. 3, 10), ou encore la personne d'Aaron le souverain sacrificateur (1 Chroniques 23. 13). Ici c'est le titre donné au Messie préfiguré par le temple et son culte. Quand il viendra, il fera « cesser les transgressions » et mettra « fin aux péchés », en expiant l'iniquité et en « amenant la justice éternelle » (v. 24). Le point de départ des 70 heptades (« Depuis le moment où la parole a été annoncée que Jérusalem sera rebâtie… », v. 25) est l'an 538 avant J.-C., date à laquelle Cyrus décréta que les Juifs pouvaient rentrer chez eux et reconstruire leur temple. Cet édit marqua un grand tournant dans l'histoire d'Israël. Il fut l'œuvre de Dieu agissant par son serviteur Cyrus (Cf. 2 Chroniques 36. 22, 23 ; Esdras 1. 2-4). Le Messie est appelé « le Conducteur ». N'est-il pas à la fois Sacrificateur et Roi (Psaume 110. 4 ; Zacharie 6. 13) ?

Après l'apparition du Christ au bout de 7 heptades, c'est-à-dire de sept temps dont la durée reste indéterminée, commence une période de 62 heptades où sera reconstruite la Jérusalem spirituelle, l'Eglise chrétienne, le peuple de Dieu de la nouvelle alliance. « Les places et les fossés seront rétablis » (v. 25). La reconstruction de Jérusalem après le retour de la captivité devient l'image de l'édification de l'Eglise, image qu'on rencontre chez tous les grands prophètes d'Israël. « Mais en des temps fâcheux », précise le texte. L'Eglise rencontrera toujours des difficultés, de l'hostilité, voire de la haine, et les persécutions ne manqueront pas comme l'a signalé une vision antérieure. Après cela, « le Messie sera retranché », littéralement : « sans rien », sans influence (v. 26). Le texte ne parle pas ici d'une mise à mort du Messie, mais d'une autre sorte de suppression. Les chrétiens se sentiront seuls, abandonnés, comme Elie au temps d'Achab (1 Rois 19. 14). Un chef viendra ravager l'Eglise (v.26 : « la ville et le sanctuaire »). C'est l'adversaire qui se lèvera contre le Christ, l'Antichrist de Daniel 7. 25. « Sa fin arrivera comme par une inondation » (v. 26). C'est une allusion à la mort subite de pharaon qui, faisant souffrir Israël de façon impitoyable, fut le prototype de tous les persécuteurs et ennemis du peuple de Dieu.

« Il fera une solide alliance avec plusieurs pour une semaine, et au milieu de la semaine il fera cesser le sacrifice et l'offrande » (v.27). Il s'agit toujours de l'Antichrist. Prenant la place du Christ, il cherchera à l'imiter en établissant une alliance. Beaucoup y entreront et tomberont ainsi dans son piège. Son influence sera telle qu'il semblera ne plus y avoir de chrétiens dans le monde pour apporter à Dieu les sacrifices et les offrandes de leurs prières et de leur adoration. « Il commettra les choses les plus abominables, jusqu'à ce que la ruine et ce qui a été résolu fondent sur le dévastateur » (v27). La fin de l'Antichrist est certaine. Elle sera l'œuvre du Christ. Il périra « comme par une inondation », comme le Seigneur fit périr Pharaon pour l'empêcher de détruire son peuple.

Antiochus IV Epiphane fut l'Antichrist de l'A.T., la préfiguration de l'Antichrist de la nouvelle alliance. Une comparaison de Daniel 8. 9ss et de Daniel 9. 24-27, permet de constater les points de ressemblance entre les deux. Les deux sont puissants : Antiochus est représenté par une corne, symbole de force (Daniel 8. 8), l'Antichrist est appelé un chef (Daniel 9. 26). Antiochus se dressera contre Dieu et son sanctuaire (Daniel 8. 10, 13), L'Antichrist détruira Jérusalem (Daniel 9.26). Antiochus prétendra s'élever jusqu'à Dieu et proférera des paroles arrogantes (Daniel 7. 20, 25 ; 8. 11), l'Antichrist singera Dieu en concluant une alliance avec les hommes (Daniel 9. 27). Antiochus enlèvera le sacrifice perpétuel, c'est-à-dire les offrandes journalières (Daniel 8.11), l'Antichrist fera cesser les sacrifices et les offrandes (Daniel 9. 27). Antiochus sera détruit sans l'effort d'aucune main, donc par Dieu (Daniel 8. 25), l'Antichrist périra comme par une inondation, par un châtiment divin. (Daniel 9. 27).

Un sujet de méditation :

Dans les temps d'épreuve, notamment de catastrophe, les hommes, au lieu de s'en prendre à Dieu et de l'accuser d'injustice, feraient mieux de s'humilier et de se repentir devant lui en confessant leurs péchés, et de faire appel à sa miséricorde et son pardon. La merveilleuse prière de Daniel est un modèle du genre dont tous les croyants sont appelés à s'inspirer. Leur salut réside dans la repentance, une foi sincère et la persévérance au milieu des tribulations sans lesquelles ils ne pourront pas entrer dans le Royaume de Dieu. Ils seront tourmentés de bien des façons, mais la victoire leur appartient, car leur adversaire sera terrassé.

CHAPITRE 10

Les apparitions angéliques
Les anges à l'action dans les royaumes de ce monde

Une dernière révélation sera accordée à Daniel. Elle sera présentée dans le chapitre 11. Le chapitre 10 est en quelque sorte l'introduction, et le chapitre 12 la conclusion. Nous sommes « la troisième année de Cyrus », soit 536 avant J.-C, deux ans après que le roi perse eut décrété le retour des exilés en Palestine. Les Juifs se sont mis en route vers leur patrie. Mais tous ne rentreront pas. Beaucoup préféreront rester à Babylone où ils se sont fait une situation. Quant à ceux qui rentrèrent, ils connurent bien des difficultés. Les Samaritains firent tout pour les empêcher de reconstruire le temple (Cf. Esdras 4. 4 ; 5). Alors Daniel se mit à jeûner. Son peuple souffrait. Il demanda au Seigneur d'avoir pitié de lui (v. 2, 3). Cela dura trois semaines. On notera la persévérance du prophète. Le jeûne et le deuil étaient des supports à sa prière. Il renonça aux festivités de la cour, voulant que son corps reflète les sentiments de son cœur.

« Le vingt-quatrième jour du premier mois… » (v.4). Dix jours donc après la fête de Pâque. On venait de célébrer l'Exode, la sortie de l'Égypte et la glorieuse délivrance que Dieu avait accordée à son peuple sous la direction de Moïse. Israël connaît maintenant une délivrance semblable, mais qui ne va pas sans difficultés ni épreuves de toutes sortes. Daniel se réfugie donc dans la prière. Il se trouve sur les rives du « grand fleuve qui est Hiddékel », appelé aujourd'hui le Tigre (v.4). Etait-il là à la demande de l'empereur, en mission officielle, ou pour exhorter les Juifs à le traverser et à rentrer en Palestine ? Nous ne le savons. Alors lui apparaît « un homme vêtu de lin et ayant sur les reins une ceinture d'or d'Uphaz » (v. 5). C'est l'un des chefs dans la hiérarchie des anges. Uphaz est peut-être un autre nom pour Ophir, cette région célèbre pour son or (1 Chroniques 29. 4 ; Job 22. 24 ; 28. 16 ; Psaume 54. 10). L'apparition est majestueuse et imposante.

Daniel était entouré de compagnons qui se rendirent compte que quelque chose d'extraordinaire était en train de se produire, mais qui ne virent pas la vision (v. 5-7). Terrifiés, ils prirent la fuite. Daniel resta seul, tout tremblant (v.8). L'homme pécheur ne peut supporter une manifestation céleste. Le contact avec le Dieu transcendant le remplit de peur. Le prophète devra être fortifié à plusieurs reprises, pour pouvoir supporter une telle expérience (v. 10, 18). Dans des circonstances analogues, Esaïe avait été submergé par la prise de conscience de son impureté (Esaïe 6. 5). Daniel, lui, est privé de toutes ses forces. Les effets somatiques de la vision furent tels que Dieu dut intervenir pour l'empêcher de sombrer dans le coma, voire même de mourir. Que l'homme est fragile en présence du Dieu saint et glorieux !

Ayant fortifié et encouragé Daniel (v. 10, 11), l'ange lui annonce que sa prière a été entendue. Dieu lui réserve une nouvelle révélation (v. 12). « Le chef du royaume de Perse m'a résisté vingt et un jours. Mais voici Micaël, l'un des principaux chefs, est venu à mon secours et je suis demeuré là auprès des rois de Perse » (v. 13). Le message de l'ange va soulever un voile et nous permettre de jeter un regard dans le monde des anges par lesquels Dieu régit l'histoire de ce monde. A la tête des puissances de ce monde, il y a des anges, des anges mauvais, et, face à eux, à la tête du peuple de Dieu, Micaël. Le « chef du royaume de Perse » est l'ange mauvais qui se sert de ce royaume pour accomplir ses méfaits. Il est à l'action derrière les empereurs perses et les influence. Il est en particulier à l'origine de la politique de prestige et de conquêtes qui est la leur. Mais un bon ange veille aussi aux destinées de cet empire. C'est celui qui adresse la parole à Daniel. Il lui dit que pendant 21 jours il s'est opposé au mauvais ange et qu'il l'a vaincu avec l'aide de Micaël. C'est lui maintenant qui se tient « auprès des rois de Perse ». Cyrus et ses successeurs, influencés par son ange, seront favorables au peuple de Dieu et feront preuve à son égard de justice et d'équité. Ces orgueilleux conquérants permettront aux Juifs de rentrer dans leur patrie. Le prophète Esaïe avait déjà annoncé que Cyrus serait à cause de cela le serviteur, l'oint de l'Éternel. C'est une vérité que la révélation de notre texte attribue à l'activité d'un ange qui lutta contre un mauvais esprit. De puissantes forces du mal agissent dans ce monde à travers les nations et leurs chefs, pour nuire au peuple de Dieu. Ce sont « les princes de ce monde de ténèbres », « les esprits méchants dans les lieux célestes » (Ephésiens 6. 12). Mais les bons anges sont encore plus puissants et ont raison d'eux. Le Royaume de Dieu est donc entre de bonnes mains, et les portes de l'enfer ne pourront pas prévaloir contre lui. Cette vérité éclaire bien des événements dans l'histoire des nations !

L'ange va maintenant apporter à Daniel des révélations qui compléteront celles qu'il a déjà eues et qui concernent son peuple, le peuple de Dieu : « Ce qui doit arriver à ton peuple dans la suite des temps » (v.14). « Quelqu'un qui avait l'apparence des fils de l'homme toucha mes lèvres » (v. 16). Sans doute le même ange qui l'avait touché de sa main (v.10). Daniel est sans forces. Il éprouve le besoin d'exprimer ses pensées, mais en est incapable. Il est le serviteur qui ne peut pas parler à son Seigneur (v. 17). Il sait qu'il va recevoir une nouvelle révélation, mais ne se sent pas apte à la percevoir correctement. Son aveu équivaut à sa prière : « Que Dieu me fortifie, pour que je puisse enregistrer son message ». L'ange lui adresse alors des paroles réconfortantes : « Homme bien-aimé, que la paix soit avec toi ! Courage ! » (v. 19). Il avait remporté la victoire sur le démon qui agissait dans l'empire perse (v. 13). Il s'agit maintenant pour lui d'assurer et de maintenir cette victoire (v. 20). Puis il devra s'en prendre à « Javan » (v.20), à l'empire grec qui, sous l'impulsion des démons agressera le peuple de Dieu. Le terrible Antiochus IV Epiphane était un Grec. L'ange interviendra pour maîtriser le démon qui se servira de l'empire grec pour nuire aux enfants de Dieu. « Je veux te faire connaître ce qui est écrit dans le livre de la vérité ». (v. 21). L'histoire de ce monde est écrite dans un livre, un livre qui dit la vérité et dont Dieu seul sait tout ce qu'il contient. En effet, il est scellé. Seul Dieu, ou l'Agneau comme le dit l'apocalypse, peut en faire connaître le contenu secret (Cf. Deutéronome 32. 34 ; Apocalypse 5. 1 ; Psaume 139. 16). Le Seigneur est donc le Maître souverain du monde, des nations et de son peuple.

Un sujet de méditation :

Voilà un bien étrange chapitre de la Bible ! Il montre la faiblesse de l'homme, quand Dieu lui adresse la parole et lui dévoile l'avenir et ses plans divins.

Il montre aussi l'influence qu'exercent les anges sur les événements de l'histoire. Les mauvais anges inspirent et influencent les royaumes de ce monde et les dressent contre le peuple de Dieu. Les bons anges les affrontent et tiennent ces royaumes en laisse, de façon à ce qu'ils ne puissent pas faire à l'Eglise plus de mal que ne le tolère le Seigneur.

La Bible nous invite à être lucides et clairvoyants. Les chrétiens doivent être capables d'analyser les signes des temps. Il faut qu'ils sachent quelles forces maléfiques sont à l'action dans ce monde, et qu'ils apprennent à se réjouir des services salutaires que les bons anges rendent à ceux qui doivent hériter le salut (Hébreux 1. 14).

CHAPITRE 11

L'empire grec, les Ptolemées et les Séleucides
L'antichrist

Ce chapitre doit être très important. En effet tout le chapitre précédent lui sert d'introduction. D'autre part, il fourmille d'innombrables détails. Il sera question d'alliances, de ligues, de trahisons, d'intrigues, de victoires et de défaites dans les royaumes d'Égypte et de Syrie, après le démembrement de l'empire d'Alexandrie. Cf. nos explications historiques dans le chapitre 8. Ces événements couvrirent la période de 300 à 150 avant J.-C. Mais il sera aussi question du Royaume de Dieu et de son histoire. Son destin, en effet, reste inextricablement mêlé à l'histoire des royaumes de ce monde.

« Il y aura encore trois rois en Perse » (v.2). Cyrus règne à cette époque. Les trois rois suivants seront Cambyse (529-522) non mentionné dans l'A.T., Smerdis (522-521) et Darius Hystaspe (521-486). Puis montera sur le trône Xerxès I° (486-465) nommé Assuérus dans Esdras 4. 6 et qui fut particulièrement riche (v.2) à la suite de ses expéditions contre la Grèce. Il y en aura d'autres en fait (5 autres), mais avec Xerxès I° l'empire perse est à son déclin. Les suivants ne valent sans doute pas la peine d'être mentionnés. « Il soulèvera tout contre le royaume de Javan » (v.3). L'histoire nous apprend que Xerxès mobilisa plus de 2.500.000 soldats dans tout son empire. Rien n'y fera. Le « vaillant roi » (v.3), Alexandre le Grand, bouscule l'armée perse et étend son empire à une vitesse incroyable. Mais il disparaîtra soudain et son empire « sera divisé vers les quatre vents des cieux. Il n'appartiendra pas à ses descendants » (v.4). Et pour cause ! Alexandre mourra sans laisser de successeur. Il ne fondera pas de dynastie. Quatre de ses généraux, appelés les diadoques, se partageront son vaste empire, dont deux qui régneront sur l'Égypte et la Syrie. C'est de ces deux-là qu'il sera question dans notre texte : le royaume du sud (Égypte) et celui du nord (Syrie) qui prendront la Palestine dans leur étau et dont la politique affectera considérablement l'histoire d'Israël.

Le « roi du midi » (v.5) est Ptolémée I° Sôter (323-285), fondateur de la dynastie des Ptolémées ; le « roi du septentrion » (v.6), Séleucus I° Nicator (312-281, fondateur de la dynastie des Séleucides. La « fille du roi du midi » (v.6) fut Bérénice, fille de Ptolémée II Philadelphe (285-246). Son père contraignit Antiochus II Theos à l'épouser. Il dut, pour cela, répudier son épouse légitime, Laodicée. C'était un mariage politique, pour raison d'état. Quand Ptolémée II Philadelphe mourut deux ans plus tard, Antiochus II chassa Bérénice et reprit Laodicée. Mais celle-ci, outrée d'avoir été répudiée, fit assassiner Antiochus et Bérénice. C'est à ces événements bien troubles que fait allusion le v.6.

La révélation insiste sur l'inimitié qui opposera le royaume du nord à celui du midi, inimitié qui finira par être dangereuse pour la Palestine qui servira de tampon aux deux. « Un rejeton de ses racines s'élèvera à sa place » (v.7). Il s'agit de Ptolémée III Evergète (246-221). Il fit de sérieuses incursions dans le royaume du nord, mit à sac ses temples, ce qui constituait la preuve la plus évidente d'une victoire totale sur l'ennemi (v.8). Celui-ci, ne pouvant plus adorer ses dieux, est de ce fait réduit à l'impuissance. Mais la Syrie essaiera de se venger. Son roi, Séleucus Callinice (247-226), tentera une expédition en Égypte. Sans succès. Il « reviendra dans son pays » (v.9).

« Ses fils se mettront en campagne » (v.10). Séleucus Callinice en eut deux : Séleucus III et Antiochus III. Ils essayèrent de réussir là où leur père avait échoué. Mais Séleucus III mourut prématurément (d'où le passage du pluriel au singulier, dans le v. 10). Antiochus reprit à son rival d'Égypte les territoires qu'il possédait dans le nord (Séleucie sur l'Oronte, Tyre et Sidon), puis traversa la Palestine et s'empara de Gaza, une autre forteresse aux mains des Égyptiens (v.10). Alors le roi d'Égypte se mit en colère. Il mobilisa selon les historiens 73 000 soldats et 73 éléphants, tandis qu'Antiochus disposait de 72 000 hommes, de 6 000 chevaux et de 102 éléphants. Antiochus eut d'abord le dessus, mais commit des imprudences et finit par être vaincu par le roi du midi (v. 11, 12). Mais la Syrie se vengera. Profitant de ces affrontements, des Juifs commandés par un certain Tobie se dresseront contre l'Égypte à laquelle la Palestine était soumise, mais sans avoir à s'en plaindre. Le peuple de Dieu pris dans cet étau sera vite entraîné dans de graves troubles (v.14).

Antiochus de Syrie avait des difficultés à Pergame, en Asie Mineure. Profitant de son absence, le général égyptien Scopas reconquit les territoires qu'il avait pris à l'Égypte. Mais Antiochus le chassa et il dût se réfugier à Sidon. Trois généraux égyptiens envoyés à sa rescousse ne pourront pas tenir tête au royaume du nord. Notre texte déclare qu'il « s'arrêtera dans le plus beau des pays » (v.16), la Palestine dont les habitants qui avaient eu à souffrir de la part des Égyptiens à la suite de leur révolte, lui étaient favorables. Pendant trois ans Antiochus exempta Jérusalem de tout impôt. Il envoya aussi de l'argent pour le temple et exonéra de taxes les sacrificateurs, les lévites et les scribes. La Palestine était tombée entièrement au pouvoir de la Syrie et avait perdu toute autonomie.

L'homme propose, mais Dieu dispose ! Une nouvelle machination est vouée à l'échec. Antiochus donne sa fille Cléopâtre en mariage à son rival Ptolémée Epiphane, espérant qu'elle ferait de lui son allié. Mais Cléopâtre refuse de trahir son mari et d'être une marionnette dans les mains de son père. « Cela n'aura pas lieu et ne lui réussira pas » (v.17). Il se tourna alors vers les « îles » (v.18). Ce terme désigne à la fois les îles et les côtes méditerranéennes. Il arriva à contrôler l'Asie Mineure, les îles ioniennes que convoitaient les Romains et une partie de la Thrace. Rome lui en voulut, car la Thrace échappait de la sorte, et lui livra bataille à Magnésie, en 190. Le général romain Lucius Sciplo infligea à Antiochus une cuisante défaite : « Un chef mettra fin à l'opprobre qu'il voulait lui attirer et le fera retomber sur lui » (v. 18).

Séleucus IV Philopator (187-175) devait payer chaque année un énorme tribut à Rome. Il tenta donc de soutirer le maximum d'argent à ses vassaux. Un collecteur de taxes, Héliodore, fut chargé de piller le temple de Jérusalem (Cf. 2

Maccabées 2). Il est « l'exacteur » du v. 20. Mais le souverain de Syrie fut « brisé » (v.20).

Voici maintenant Antiochus IV Epiphane (175-164), le grand persécuteur des Juifs, préfiguration de l'Antichrist de l'Apocalypse. Tout ce qui a été révélé jusqu'à présent n'a fait que préparer le récit qui va suivre (v. 21-35).Trois hommes prétendirent au trône laissé vacant par Séleucus IV Philopator : l'héritier légitime, Démétrius, retenu en otage à Rome, un fils plus jeune du défunt du nom d'Antiochus, mais qui n'était qu'un bébé à cette date, et un autre Antiochus, frère du défunt, qui séjournait à Athènes à cette époque. Il fut l'usurpateur dont le v. 21 annonce la venue. Il se posa d'abord en gardien du petit Antiochus fils de son frère. Mais l'enfant fut assassiné par Andronicus qu'Antiochus fit assassiner à son tour. C'est ainsi que ce dernier parvint à s'emparer du trône. Il augmenta son pouvoir de jour en jour, en obtenant le ralliement des armées et en éliminant tous ses adversaires. Même un « chef de l'alliance » (v.22), c'est-à-dire sans doute un souverain sacrificateur, gardien de l'alliance que Dieu avait conclue avec son peuple. Peut-être s'agit-il du souverain sacrificateur Onias, assassiné pendant le règne d'Antiochus Epiphane. Il recourut à la duplicité et à la tromperie. C'est ainsi qu'il se rendit en Égypte où il fit cause commune avec son neveu, Ptolémée Philometor, à l'encontre d'un autre neveu Ptolémée Evergète. Certains historiens pensent même qu'il se fit couronner roi à Memphis, au cours de l'une de ses expéditions. Systématiquement il pillait les provinces conquises. Mais il ne garda pas le butin pour lui, à l'exemple des autres souverains orientaux. Il s'en servit pour corrompre les gens et augmenter son influence (v. 24). La fausseté, la flatterie et le mensonge caractérisent son règne. Le roi d'Égypte ne pourra pas lui résister, car il sera victime de ses intrigues et de ses trahisons (v. 25). Mais il sera lui-même la cible de bien des intrigues. Ses confidents le trahiront et son armée lui tournera le dos (v. 26). « Les deux rois chercheront en leur cœur à faire le mal, et à la même table ils parleront avec fausseté » (v. 27). C'est peut-être une allusion aux efforts qu'Antiochus prétendit vouloir faire pour aider Ptolémée Philometor à accéder au trône d'Égypte. Sur le chemin du retour, il passa par la Palestine pour se rendre en

Syrie. Il rencontra un certain Jason qui tenta de soulever les Juifs contre lui. Le roi mit rapidement fin à l'insurrection et manifesta par la même occasion la haine qu'il avait pour le peuple de Dieu (Cf. Maccabées 1. 20ss ; 2 Maccabées 5). Il en profita notamment pour piller le temple. Ainsi s'accomplit la prophétie du v. 28 : « Il sera dans son cœur hostile à l'alliance sainte, il agira contre elle, puis retournera dans son pays ».

Les deux frères en Égypte s'étaient réconciliés. Leur sœur les avait convaincus qu'il n'était pas de leur intérêt de se laisser influencer par Antiochus. Ils sollicitèrent l'aide de Rome en 168 avant J.-C. La flotte romaine vient de Kittim, alors qu'Antiochus monte le siège d'Alexandrie au cours d'une nouvelle campagne contre l'Égypte. Les Romains le somment au nom du Sénat de quitter le pays. Antiochus cède à l'intimidation. « Découragé », il rebrousse chemin (v. 30).

Une fois de plus il va manifester sa haine contre les Juifs (v.30). Il supprime le culte de Yahvé, fait immoler les cochons dans le temple et y installe un autel en l'honneur de Zeus Olympe, l'idole abhorrée des Juifs. Jamais sacrilège pareil n'avait été commis dans le sanctuaire ! Ce fut « l'abomination du dévastateur » (v.31) à laquelle Jésus fit allusion plus tard, quand il parla de « l'abomination de la désolation » (Matthieu 24. 15 ; Marc 12. 14). Les Juifs apostats se rallieront à la cause d'Antiochus et accepteront sa politique d'hellénisation. Ils deviendront ainsi infidèles à leur religion. Le texte les appelle des « traîtres de l'alliance » (v.32). Mais beaucoup de croyants entreront dans la résistance. « Ceux du peuple qui connaîtront leur Dieu agiront avec fermeté » (. 32). Ils trouveront des chefs parmi les sages, remporteront des victoires, mais paieront leur résistance au prix de leur sang (v. 33). Ce sera la célèbre révolte des Maccabées (1 Maccabées 1. 56 ; 2. 38 ; 3. 41 ; 5. 13 : 2 Maccabées 6. 11). Grâce à elle, Israël finira pas secouer le joug de la Syrie et parviendra à une certaine gloire nationale. Comme toujours, il y aura des faux-frères dans les rangs des fidèles. « Plusieurs se joindront à eux par hypocrisie » (v. 34). Les sages dont parle le texte furent sans doute les Hassidiens, un parti qui se forma à cette occasion et qui donna probablement naissance, par la suite, à la secte des pharisiens (v. 35).

Nous allons aborder maintenant un des textes les plus difficiles de Daniel (Daniel 11. 36-12. 3). Y est-il encore question d'Antiochus IV Epiphane ou décrit-il l'Antichrist de la fin des temps, celui dont Antiochus a été la préfiguration ? Rien dans le texte n'indique le passage d'une personne à une autre. Mais appliquer ce texte à Antiochus soulève d'énormes difficultés. Pourquoi en particulier une description si longue du règne de ce roi ? Pourquoi aussi, s'il est question d'Antiochus, souverain du royaume du nord (Syrie), plus rien n'est-il dit du royaume du sud (Égypte) ? Il existe a priori des solutions à l'énigme de ce texte. Ou bien il s'agit encore d'Antiochus Epiphane, ou bien nous avons affaire à une description typologique de l'Antichrist, ou bien encore c'est une prophétie directe de l'Antichrist. Nous opterons pour cette dernière solution. Dans le verset précédent (v. 35), il était question du « temps de la fin » et du « temps marqué ». Nous avons ainsi la transition entre Antiochus et l'Antichrist.

Paul dit de ce dernier : « L'adversaire s'élèvera au-dessus de tout ce qu'on appelle Dieu ou de ce qu'on adore. Il va jusqu'à s'asseoir dans le temple de Dieu, se proclamant lui-même Dieu » (2 Thessaloniciens 2. 4). En s'exprimant ainsi, l'apôtre songeait certainement à ce qui est dit dans notre texte : « Il s'élèvera, il se glorifiera au-dessus de tous les dieux, et il dira des choses incroyables contre le Dieu des cieux » (v. 36). Antiochus n'était pas allé jusque là. Il vénérait Zeus Olympe en l'honneur de qui il avait fait ériger un temple à Athènes, mais il ne se disait pas l'égal des dieux. Cf. pour une description semblable de l'Antichrist Daniel 7. 25 ; 9. 26. Il agira contre nature. Il méprisera la religion de ses ancêtres, alors que les hommes respectent en général la foi de leurs aïeux. « Ni à la divinité qui est l'objet du désir des femmes » (v.37). Si cette traduction est correcte, elle laisse entendre que l'Antichrist méprisera les déesses comme Astarté. Mais on peut aussi traduire : « Ni pour le désir des femmes » et y voir une allusion au mépris de la femme (épouse, mère, sœur) et du mariage (2 Timothée 4. 3). Ayant rejeté le Dieu de ses pères, il ne se tournera pas vers d'autres, car il se déclarera supérieur à tous les dieux. Il sera son propre dieu ! « Il honorera le dieu des forteresses » (v.38). Son dieu s'appellera guerres, conquêtes, soif de pouvoir. C'est avec un langage éminemment militaire que sont décrits les agissements de l'Antichrist. (v.39).

Les v. 40-45 font à nouveau entrer en scène le roi du midi et celui du septentrion. Mais ils ne peuvent pas s'appliquer à Antiochus Epiphane. L'histoire, en effet, ne confirme pas de telles prédictions (Edom, Moab, Ammon, Libyens, Ethiopiens, tentes de son palais entre les mers). Nous avons ici un aperçu en termes hautement symboliques de l'activité de l'Antichrist. Les images sont empruntées à la description qui avait été faite du personnage qui le préfigurait dans l'A.T., Antiochus. C'est conforme à un procédé très courant chez les prophètes. Les rois du midi et du septentrion ne sont plus l'Égypte et la Syrie, mais les puissances de ce monde dans la suite des temps. « Le plus beau pays » (v. 41) est donc le peuple de Dieu de l'alliance nouvelle, l'Eglise chrétienne. L'Antichrist conquerra un royaume après l'autre. Rien ne pourra lui résister. Toutes les puissances de ce monde capituleront devant lui. Mais des nouvelles inquiétantes lui parviendront de pays lointains (« orient », « septentrion », v. 44). Il ne pourra pas jouir en paix du fruit de ses victoires et sentira toujours son empire menacé. Alors, furieux, il repartira pour répandre le sang. Il procédera à un dernier assaut désespéré contre l'Eglise chrétienne, « la glorieuse et sainte montagne » (v. 45).

« Il dressera les tentes de son palais entre les mers » (v. 45). Quand ils partaient en guerre, les souverains orientaux emportaient tout un ensemble de tentes pour s'y loger avec leur cour. « Entre les mers » : sa domination sera universelle et tout entière dirigée contre l'Eglise. Mais son heure a sonné. Sa fin est venue, et puisque sa fin est le jugement dont Dieu le frappe, personne ne lui viendra en aide (v. 45). La victoire finale revient donc à l'Eglise, au peuple de Dieu. C'est une promesse constamment répétée dans le livre de Daniel. L'Antichrist sera jugé en face de Jérusalem. C'est en effet sur les montagnes d'Israël (Ezéchiel 39.

4), dans la vallée de Josaphat et à Jérusalem (Joël 3. 2. 12 ; Zacharie 14. 2) que Dieu paraîtra pour le jugement final.

CHAPITRE 12

La fin des temps
La grande tribulation et la résurrection

La persévérance des saints

La fin de toutes choses est proche, mais il y aura auparavant une grande tribulation, « une époque de détresse telle qu'il n'y en a point eu de semblable depuis que les nations existent jusqu'à cette époque. En ce temps-là, ceux de son peuple qui seront trouvés inscrits dans le livre seront sauvés » (v.11). Il s'agit bien de la fin des temps. Jésus la décrit en des termes qu'il a empruntés à notre texte : « Alors, la détresse sera si grande qu'il n'y en a point eu de semblable depuis le commencement du monde jusqu'à présent, et qu'il y en aura jamais. Et si ces jours n'étaient abrégés, personne ne serait sauvé. Mais à cause des élus, ces jours seront abrégés... Il enverra ses anges avec la trompette retentissante, et ils rassembleront ses élus des quatre vents, d'une extrémité des cieux à l'autre » (Matthieu 24. 21, 22, 31). Daniel 10. 13, 21 nous a appris que Dieu chargeait Micaël de protéger son peuple contre les royaumes de ce monde. Notre verset précise qu'il sera là pour le protéger à l'heure de la grande tribulation.

« Plusieurs de ceux qui dorment dans la poussière de la terre se réveilleront, les uns pour la vie éternelle et les autres pour l'opprobre, pour la honte éternelle » (v.2). Jésus dira exactement la même chose, en des termes semblables (Jean 5. 28, 29). « Plusieurs » n'est pas restrictif ; la Bible enseigne la résurrection de tous les morts. Le mot traduit ainsi exprime la multitude ; ils seront très nombreux à ressusciter (Cf. Matthieu 20. 28 ; 26. 28 ; Romains 5. 15, 16). Nous avons ici une des affirmations les plus claires de l'A. T. concernant la résurrection des morts. On a souvent nié que les prophètes aient cru en une survie après la mort. Ce texte prouve le contraire. L'A.T. assimile la mort à un sommeil ! (Psaume 13. 3 ; Job 3. 13 ; Jérémie 51. 39, 57). Les défunts se réveilleront donc. La résurrection des croyants sera une victoire éternelle et glorieuse sur la mort (Job 19. 25 ; Esaïe 26. 19 ; Psaume 16. 9, 11).

« Ceux qui auront été intelligents brilleront comme la splendeur du ciel, et ceux qui auront enseigné la justice à la multitude brilleront comme les étoiles, à toujours et à perpétuité » (v. 3). Le salut est le même pour tous les croyants. Il est obtenu par la foi seule. Mais la gloire céleste sera la récompense imméritée d'œuvres accomplies dans la foi, par la puissance du Saint-Esprit et pour l'amour du Christ. La Bible enseigne les deux : la gratuité entière du salut et la récompense que constitue la gloire éternelle (Matthieu 5. 12 ; 10. 41, 42 ; 1 Corinthiens 3. 8 ; 15. 41, 42 ; 2 Corinthiens 9. 6 ; Luc 19. 12ss). Rappelons que si l'A.T. enseigne les mêmes vérités, le même chemin du salut que le N.T., la révélation de Dieu a été graduelle, progressive. Ce qu'on pressent dans les premiers livres de la Bible (la survie après la mort, Genèse 25. 8) est clairement enseigné par la suite.

« Et toi, Daniel, tiens secrètes ces paroles » (v.4). Plus exactement : « Préserve ces paroles » (Cf. Daniel 8. 26). La vision doit être préservée pour les croyants, afin de les mettre en garde et de les consoler. Les événements du monde leur permettront de comprendre que tout a été prévu et prédit par Dieu qui est le Maître de l'histoire et sauve son peuple (Cf. Matthieu 24. 15).

« Deux autres hommes se tenaient debout… L'un d'eux dit à l'homme vêtu de lin, qui se tenait au-dessus des eaux du fleuve : quand sera la fin de ces prodiges ? » (v. 5, 6). C'est un exemple de ce que dit Pierre : « Les anges désirent plonger leurs regards » dans les mystères de l'Evangile (1 Pierre 1. 10, 11). « Ce sera dans un temps, des temps et la moitié d'un temps » (v. 7). La réponse est donnée en termes généraux. Aucune date n'est indiquée. Cf. ce que nous avons dit à propos de Daniel 7. 25. L'homme voudrait bien sûr en apprendre plus. Il lui est demandé de se contenter humblement et avec foi de la révélation que Dieu lui donne et de se confier en ses promesses. Les événements se succéderont-ils rapidement ou s'étendront-ils longuement dans le temps, si bien que la fin de toutes choses est encore lointaine ? C'est ce que l'un des anges voudrait bien savoir. Un autre ange semble en savoir plus que lui. Sa réponse a peut-être déçu Daniel qui voudrait sans doute en savoir davantage. Mais Dieu la juge suffisante, car il veut que le croyant soit toujours vigilant.

« Toutes ces choses finiront quand la force du peuple saint sera entièrement brisée » (v.7). L'homme a besoin d'être affaibli et humilié pour mettre sa confiance en Dieu, sinon il s'enorgueillit. Israël devait être réduit pratiquement à rien, avant que vienne le Christ. De même l'Eglise doit être mise à l'épreuve avant sa parousie. « J'entendis mais ne compris pas. Et je dis : Mon Seigneur, quelle sera l'issue de ces choses ? Il répondit : Va, Daniel, car ces paroles seront tenues secrètes et scellées jusqu'à la fin des temps » (v. 8, 9). Va ton chemin, Daniel, fais ton devoir ! Sois fidèle et apprends à ton peuple à être vigilant, car seuls seront sauvés ceux qui persévéreront jusqu'à la fin ! Ceux qui tiendront bon dans la grande tribulation seront purifiés (v. 10 ; Daniel 1. 35). Ils grandiront en connaissance spirituelle et comprendront toujours mieux la Parole et les desseins de Dieu, tandis que les autres persisteront dans le mal.

Le v. 11 semble nous renvoyer à l'époque d'Antiochus Epiphane (abomination de la désolation, sacrifice perpétuel, cf. Daniel 8. 11-13). Mais l'époque d'Antiochus, nous l'avons vu, préfigure la fin des temps avec le règne de l'Antichrist. Ainsi est confirmée la thèse selon laquelle Antiochus est le prototype de l'Antichrist de la fin des temps. Quand le monde approchera de sa fin, le sacrifice perpétuel (c'est-à-dire journalier) cessera également. L'adoration du vrai Dieu sera en voie de disparition. Il n'y aura plus beaucoup de foi sur la terre (Luc 18. 8). Ce sera une époque d'apostasie générale où beaucoup de chrétiens se détourneront de Dieu pour adorer des idoles. Cela durera 1290 jours, non pas trois ans et demi (1260 jours) mais un peu plus que cela. Un peu plus que la moitié de 7. Une tribulation de 7 ans serait un châtiment directement infligé par Dieu, et donc terrible, insupportable. Une tribulation d'un peu plus de la moitié de 7 vient aussi de Dieu, mais elle est aux dimensions de l'homme, à la mesure de ses forces et donc supportable ! Les enfants de Dieu pourront tenir bon, s'ils se réfugient dans le Seigneur.

« Heureux celui qui attendra et qui arrivera jusqu'à mille trois cent trente cinq jours » (v.12). 1335 jours ; 3 ans, 8 mois, ou 45 jours de plus que le nombre précédent. Quand l'abomination aura cessé au bout de 1290 jours, la nouvelle en parviendra rapidement (en 45 jours) aux oreilles de ceux qui auront persévéré avec foi, et ils en seront réjouis.

« Et toi, marche vers ta fin. Tu te reposeras et tu seras debout pour ton héritage à la fin des jours » (v. 13 ; Cf. v.9). C'est une nouvelle promesse faite à Daniel. Qu'il marche dans la foi et accomplisse fidèlement sa mission, avec la certitude qu'il ne sera pas terrassé par la mort, mais qu'il ressuscitera. Dieu lui réserve un héritage qui vaut la peine qu'on vive dans la foi et l'espérance (Daniel 12. 2, 3), « un héritage qui ne peut ni se corrompre, ni se souiller, ni se flétrir. Il vous est réservé dans les cieux, à vous qui, par la puissance de Dieu, êtes gardés par la foi pour le salut prêt à être révélé dans les derniers temps » (1 Pierre 1. 4, 5). C'est sur cette assurance, sur un chant de victoire que s'achève ce livre mystérieux, à la fois terrifiant et si consolant.

Un sujet de méditation :

Il n'est possible que de répéter tout ce que nous avons dit en méditant ces pages. L'Eglise du Seigneur sera opprimée de bien des façons. C'est par beaucoup de tribulations qu'il nous faut entrer dans le royaume de Dieu.

Mais une puissante et glorieuse délivrance sera accordée à ceux qui persévéreront jusqu'à la fin : La résurrection des morts et la vie éternelle. « Celui qui atteste ces choses dit : Oui, je viens bientôt. Amen ! Viens, Seigneur Jésus ! » (Apocalypse 22. 20).

TABLEAU CHRONOLOGIQUE

		EPOQUE GRECQUE	
		Alexandre le Grand	334-323
		Partage de l'empire grec	
		-Lysimaque (Thrace, Asie Mineure)	
		-Cassandre (Macédoine, Grèce)	
		-Séleucus (Babylonie, Syrie)	
		-Ptolémée (Égypte, Palestine)	323
EPOQUE BABYLONIENNE		**Royaume du nord**	
Nabopolassar	626-605	Antiochus (323-312)	
Nebucadnetsar	604-562	Séleucus I Nicator (312-261)	
1° déportation à Babylone	605	Antiochus I Sôter (281-261)	
2° déportation à Babylone	597	Antiochus II Theos (261-246)	
3° déportation et destruction		Séleucus II Callinice (246-226)	
de Jérusalem	586	Séleucus Caraunus (226-223)	
Evil-Merodac	562-560	Antiochus II le Grand (223-187)	
Nergal-Shar-Usur	560-556	Séleucus IV Philopator (187-176)	
Labashi-Mardouk	556	Antiochus IV Epiphane (175-164)	
Nabonide	555-539	Antiochus V Eupator (164-162)	
Belshatsar	553-539	Démétrius I Sôter (162-150)	
		Alexandre Balas (152-146)	
EPOQUE PERSE		.../...	
Cyrus	550-530	Antiochus XIII (69-65)	
Retour de l'exil	539-538		
Darius le Mède (Gobryas)	539-525	**Royaume du sud**	
Cambyse	530-521		
Smerdis	521	Ptolémee I Sôter (323-285)	
Darius I (Hystaspe)	521-486	Ptolémée II Philadelphe (285-246)	
Xerxès I (Assuérus)	486-465	Ptolémée III Evergète (246-221)	
		Ptolémée IV Philopater (221-203)	
		Ptolémée V Epiphane (205-181)	
		Ptolémée VI Philomotor (181-146)	
		Ptolémée VII (171-146)	
		Ptolémée Evergète II (146-117)	
		Ptolémée VIII (117-81)	

EPOQUE ROMAINE

Selon la tradition, Rome fut fondée en 753 avant J.-C., par Romulus qui en devint le 1er roi. Le petit royaume grandit lentement et finit par étendre sa domination à toute l'Italie et à l'ensemble du monde méditerranéen.

Pompée (106-48 avant J.-C.) s'empara de la Judée en 63 avant J.-C., et réduisit le royaume des séleucides en une province romaine.

César, un des membres du triumvirat, avec Pompée et Crassus, est assassiné en 44 avant J.-C.

Antoine, Octave et Lépide forment un 2ème triumvirat.

Octave s'empare du pouvoir et se fait proclamer empereur (31 avant J.-C.) sous le titre d'Auguste.

Jésus naît sous le règne d'Auguste et est crucifié sous celui de Tibère (-37).

Jacques, frère de Jean, est martyrisé à l'époque de l'empereur Claude (-54).

Paul en appelle à l'empereur Néron (54-68).

Titus, le futur empereur, procède à la destruction de Jérusalem en l'an 70.

Théodose (379-395 après J.-C.) est le dernier souverain de l'empire romain.

L'empire romain se scinda en deux. Les deux fils de Théodose règnent l'un sur l'empire d'Occident, l'autre sur celui de l'Orient.

L'empire d'Occident se désagrégea et tomba aux mains des Barbares en 476.

L'empire d'Orient parvint à survivre jusqu'à la prise de Constantinople en 1453.